올라가지마세요
Don't GO UP

용산 전쟁기념관 - 6 · 25전쟁 조형물 -

과거는 흘러가지 않는다.
과거는 절대 죽지 않는다.

72년 전 그때는, 수많은 나라의 꽃다운 젊은이들이
이 땅의 자유민주주의를 수호하기 위해 청춘의 끓는 피를
언어도 문화도 통하지 않는 이곳, 동토의 땅에 묻었습니다.

72년이 지난 지금, 전장의 옷깃에 흩뿌려진 피의 내음은
아직도 생생하기만 한데 우리는 그들을 잊고 있습니다.

그들이 피 흘리며 싸우고, 숨을 토하며 이슬처럼 스러져갔던
동족상잔의 비극 6·25, 까마득한 옛 전장으로만 기억되고 있습니다.

친북 좌파세력들이 찬양하는 김일성, 김정일, 김정은의 인민들은
굶주림과 핍박에 시달리고 있는데 양심의 거리낌 없이
이 땅에서 배부르게 잘 먹고 잘살면서 6.25는 북침이라고 포장하며
주적을 주적이라 말을 못 하게 하고 있습니다.

6·25 전쟁, 가정이 아닌 현실입니다.
세월이 아무리 흐른다 해도 그때의 피비린내는 지워지지 않은 채
동족 간의 피의 교훈으로 살아 있을 것입니다.
6·25! 잊으면 다시 옵니다.
그 대가는 역사의 교훈을 잊은 우리의 몫이 될 것입니다.

형제의 상
한국전쟁 당시 남과 북으로 갈라진 형제가 전장에서 적으로 만나 얼싸안고 우는 모습.
(용산전쟁기념관)

우리의 다짐

엄마 손에 끌려가는 아이처럼
분단의 슬픔 서러워
가슴에 철조망 친 사람들
이렇게 긴 이별이라면 잊을 수도 있을 텐데

더욱 생생히 가슴을 찢고
살아나는 피의 대물림
유월이면 재발하는 오래된 속앓이
충성하며 총칼을 들이댔던 유월이
눈앞에 와서 지난 것을 잊자 해도
잊혀진 것은 핏자국과 가난뿐이지만
사람들은 이제 화해를 원한다

그래서 우리는 기도하는 것
이해와 용서로 과거를 회복하는 것을 바라나니
통일의 깃발을 펄럭이는 동포들이여

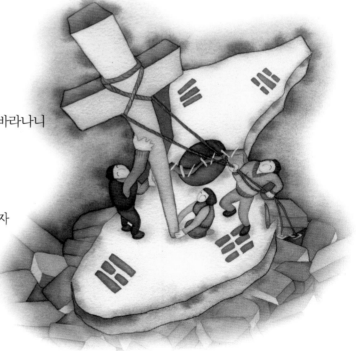

일어나라 녹슨 철조망과
달리고 싶은 철마를 따라
우리 마음도 오직 통일을 향해 달려가자
푸른 하늘과 예쁜 꽃이 만발한
산야를 두루 다니며

사랑과 믿음으로
갈라진 조국의 허리를
질끈 동여맬 수 있을 때까지

자유는 공짜로 얻어지는 것이 아니다.

6·25 전쟁은 이제 잊혀진 전쟁이 되어가고 있다. 북한 공산당의 불법 남침으로 일어난 6·25 전쟁이 일어난 지 어언 72년이라는 긴 세월이 흘렀다. 그때 전쟁을 경험한 사람들은 거의 세상을 떠났다. 오늘의 어른들 세대와 젊은이들과 학생들은 6·25 전쟁의 참상과 잔학함을 전혀 모른다.

북한 공산 집단은 간첩들과 종북 세력들을 앞장 세워 끊임없이 '6·25 전쟁은 김일성의 북한 공산군의 남침으로 일어난 것이 아니라, 미군이 중심이 되어 북한을 침략했다'고 거짓 선전을 했었다. 그래서 당시, 6·25의 전쟁의 상황을 잘 모르는 젊은이들은 그 선동적인 말에 속아서, 미국은 침략자요, 북한은 정통의 나라인 것처럼 세뇌당한 사람들이 많았다. 그동안 각급 학교는 <전교조>라는 조직에 가담한 교사들이 줄기차고 노골적으로 6·25 전쟁에 대한 허위 거짓 사건을 마치 진실인 것처럼 꾸며 청소년들에게 교육하고 있었다.

생각해 보자. 6·25 전쟁이 일어나자 유엔은 즉각 16개국을 한국에 파견했고, 그 외에도 수십 개국의 나라가 직, 간접으로 대한민국을 도왔다. 이것은 자유대한민국을 사랑하는 전 세계인이 북한 공산당의 불법 침략(남침)을 규탄하고, 자유대한민국을 지키기 위함이었다. 전 세계의 수많은 젊은이들이 이 땅의 평화를 위해서 고귀한 피를 흘리며 싸웠다.

내가 초등학교 2학년 때 6·25전쟁이 발발했다. 열 살 때 피난민 대열에 끼어 천신만고 끝에 포항에서 울산 방어진까지 그 먼 길을 걸어서 갔다. 수많은 피난민 대열에 끼어 3개월 동안 포탄이 비 오듯 터지는 전쟁터에서 하나님의 은혜 가운데 살아남았다. 비록, 어린 나이였지만 동족끼리의 전쟁이란 얼마나 비참하며, 공산주의 침략과 사상(이념)이 얼마나 공포스러운 것인지 알게 되었다.

이번에 6·25전쟁을 겪지 못한 청소년, 젊은 세대, 또한 어른 세대에 이르기까지 이해도를 높이기 위해 만화와 당시 전황 사진들을 함께 볼 수 있는 6·25전쟁의 진실을 밝힌 책이 나온다고 하니 기쁘기 그지없다. 아무쪼록 이 책은 어린 학생들과 젊은이, 어른 세대들에게 6·25전쟁의 의미와 우리가 가져야 할 반공 노선을 확실히 상기시키고, 자유대한민국을 바로 세우는 데 도움이 되었으면 하는 마음에 강력히 추천을 드린다.

■정성구 박사(전 총신대, 대신대 총장)

Contents

들어가면서

전선의 포화는 멎었고 전쟁은 끝이 났다고는 하지만 종전 상태가 아닌 휴전 상태로 지금도 보이지 않게 계속 진행 중인 전쟁의 연장 속에 놓여 있다. 6 · 25전쟁으로 우리 민족은 반만년의 유구한 역사를 통해 그 유래를 찾아볼 수 없을 정도로의 참혹한 참상으로 생지옥의 피해를 보았다.

2022년 올해는 해방 77주년, 동족상잔의 비극인 6·25전쟁이 발발한 지 72주년이 되는 해이다. 꿈에도 그리던 8·15 광복을 맞은 지 불과 5년만인, 1950년 6월 25일 새벽 4시(주일)를 기해 북괴 김일성의 전면 기습남침(침략)으로 시작된 이 동란은 장장 3년 1개월 2일에 걸친 긴 전쟁으로 수많은 동족 간의 피비린내 진동하는 참상 속에 1953년 7월 27일 영원히 지워지지 않을 분단의 아픔을 남긴 채 정전(휴전) 상태로 오늘에 이르고 있다.

전선의 포화는 멎었지만 지금도 보이지 않게 계속 진행 중인 전쟁의 연장 속에 놓여 있다. 6·25전쟁으로 우리 민족은 반만년의 유구한 역사를 통해 그 유래를 찾아볼 수 없을 정도의 참혹한 참상으로 생지옥의 피해를 보았다.

북한은 지금도 남침 사실을 북침이라 주장하며 판문점 도끼만행 사건, KAL기 폭파, 천안함 폭침, 연평도 포격 등 대남도발을 계속해왔고 호시탐탐 자유민주주의 대한민국을 노리고 있다. 지금 태극기와 애국가를 거부하고, 북한 김정은 정권을 맹목적으로 추종하면서 자유대한민국을 붕괴시키려는 불순 세력들이 도처에, 요소요소 마다 침투해 중요 요직들을 장악하고 있다. 이들은 북의 침략 전쟁

인 남침 사실은 물론, 3대 세습, 인권, 핵 문제, 미사일 발사 실험 등에는 꿀 먹은 벙어리처럼 침묵으로 일관하고 있었다.

우리는 6·25전쟁의 잔혹한 참상이 주는 교훈을 결코 잊어서는 안 된다. 확고한 반공정신으로 무장하여 북한 정권에 당당하게 맞서야 하며 우리 사회 내의 '종북' '주사파' 세력들을 척결하는 것이야말로 제2의 6·25를 예방하는 길이고, 우리 민족 모두가 살길이며 우리가 져야 할 막중한 책무임을 잊어서는 안 된다.

이 책을 읽는 모든 이들에게 먼저 당부하고 싶은 것은, 우리가 접하는 모든 '현상'들에는 각기 '진실'이 있지만 반면에 그와 반대되는 '거짓'도 있을 수 있다는 것을 염두에 두어야 한다는 것이다. 많은 젊은 이들이 알고 있는 '6·25전쟁(동란)'의 진상이란 것 또한 마찬가지이다. 불순 세력들은 거짓을 정당화시키기 위해 거짓과 진실을 섞어 끝도 없는 의문과 쟁점을 불러일으키게 하는 것이 이들의 기만술임을 기억해야 한다.

잘못된 사상과 이념으로 교단에서 학생들에게 자신들의 사상을 주입하는 사람들(세력)로 인하여 거짓이 진실처럼 왜곡되어, 심할 정도로 굴절된 선동에 실로 적지 않은 청소년들과 젊은이들이 그것을 그대로 받아들여 간혹, 북한의 남침을 그 반대로 알고 있음에 적이 놀라지 않을 수 없다.

2016년도에 상영되었던 영화 '인천 상륙작전' 에서 이런 대사가 나온다. '이념은 피보다 진하다.' 실로 섬뜩한 말이 아닐 수 없다. 피보다 진하다는 이념에 선동되고 매수된 수많은 김일성 추종자들이 부모·형제, 친척을 인민재판에 넘기고 인민의 적이라고 색출하여 죽창으로 찔러 죽이고 총살하는 일이 비일비재했다.

본 책에 수록된 만화와 사진 자료, 글들은 우리 민족과 직접 관련되는 운명적 사건이었던 제2차 세계대전, 즉 일본 제국주의 군대가 미국 해군부(진주만)를 기습한 날부터 하여, 6·25전쟁 발발 4일 차인 1950년 6월 28일 북괴군이 이른 아침 수도 서울을 점령한 순간과 북괴 김일성의 전쟁 준비 과정과 3년간의 전쟁을 이해하기 쉽도록 기록하여 보았다.

우리가 삶의 터전인 대한민국에서 마음껏 자유를 누리며 행복한 삶을 영위하기 위해서는 우리 자유대한민국이 겪었던 참혹했던 역사의 한 페이지, 그 '진실'을 바로 알아야 젊은이들이 국가관(역사관)과 애국관의 정체성을 올바르게 정립함으로 나라를 바로 세울 수 있고, 우리와 자손들이 영위할 자유민주주의 나라 대한민국을 지켜낼 수가 있을 것이다.

- 3 · 1운동 103주년 -

독립운동가들이 남긴
하나님과 조국에 대한 울림

유관순

김구

안창호

안중근

조만식

유관순
(1912~1920)

주소서! 내일 거사할 각 대표에게 더욱 용기와 힘을 주시고 이로 말마 암아 이 민족이 행복의 땅이 되게 하소서!

주여 같이 하시고 이 소녀에게 용기와 힘을 주옵소서!
대한 독립만세! 대한 독립만세!"

유관순 열사의 유언

유관순 열사가 매일 드리던 기도

"주님! 우리는 어찌하여 하나님께서 주신 이 나라를 빼앗기고 이렇게 시달리는 슬픈 민족이 되었나요?
저희를 버리지 마시고 도와주세요.

주님! 어린 소녀에게도 나라를 위해 일 할 수 있는 지혜를 주십시오. 아무리 어려워도 아무리 괴로워도 참고 이겨내겠습니다.
부디 저의 갈 길을 가르쳐 주세요!"

3.1 만세운동을 주도하기 전 올린 기도

"오오, 하나님이시여!
이제 시간이 임박하였습니다.
원수를 물리쳐 주시고 이 땅에 자유와 독립을

내 손톱이 빠져나가고
내 귀와 코가 잘리고
내 다리가 부러져도
그 고통은 이길 수 있사오나

나라를 잃어버린
그 고통만은 견딜 수가 없습니다.
나라에 바친 목숨이
오직 하나밖에 없는 것이
이 소녀의 유일한 슬픔입니다.

나는 당당한 대한의 국민이다.
대한 사람인 내가
너희들의 재판을 받을 필요도 없고,
너희가 나를 처벌할 권리도 없다.
-유관순-

백범 김구
(1876~1949)

도산 안창호
(1878~1938)

"내가 동학 운동도 했고 불교의 스님이 되 보기도했지만 이 기독교야 말로 참 진리구나!"

"나는 그리스도인!!! 고로 거짓 없는 내 양심은 내 죽음을 초월하여 이 나라를 사랑하였습니다. 눈물과 피로 우리들이 갈망하는 조선을 하나님의 나라로 세어 봅시다!"

"기독교 신앙은 회개와 사랑이 주축을 이룬다. 우리는 먼저 회개하여야 한다. 회개를 통하여 개조가 이루어 질수 있다.

또한 서로 사랑하여야 한다. 주님은 독생자 예수를 보내시어 사랑으로써 피를 흘렸다.

하나님의 뜻이 곧 사랑이고 성경 전체의 골자가 사랑이며 개인의 가정, 사회, 인류의 평화와 행복이 사랑에 있고 우리를 이해하지 못하고 악평하고 중상하는 이들까지 사랑해야 하는 이들 안에 포함시켜야 한다."

안중근 의사
(1879~1910)

이토히로부미를 처단하기 직전 올린 기도

"주님! 저는 단 한 번도 당신을 잊은 적이 없습니다. 언제나 당신의 뜻대로 살고자 노력했습니다. 그러한 저에게 당신은 새로운 임무를 주셨습니다. 이것은 제 자신의 영광일 뿐아니라 제 조국과 겨레의 영광임을 잘 알고있습니다. 전 임무를 기어이 실행에 옮기겠습니다. 그러나 모든 것은 당신의 능력으로 이루어짐을 믿사오니 끝까지 보살펴 주옵소서! 이미 마음의 준비는 다 되어 있습니다. 최후 순간까지 저를 지켜 주소서! 그리하여 제가방아쇠를 당 길 때에 추호의 흔들림이 없이이토히로부미를 명중시켜 쓰러트리게 하여주소서!"

"대한독립의 소리가 천국에 들려오면 나는마땅히 춤추며 만세를 부를 것이다"

고당 조만식
(1883~1950)

"자네들 다 좋은 친구들인데(술을 마시는 거)오늘이 마지막 일세~
난 예수님을 믿기로 작정했네.
이제부터 나는 숭실학교에 가서 공부하기로했네.
하나님의 일을 하기 위함일세!

앞으로 자네들~
내 친구가 되려면 예수님을 믿어야 하네~
예수님을 믿으면 새사람이 된다네~"

제자들이 월남을 제안했을 때...

"나는 이 땅 1천만 동포와 살아도 같이 살고죽어도 같이 죽을 것이다. 이것이 내가 섬기는하나님께서 명하신 것이다!"

Intelligencer Journal

1945년 8월 15일 수요일, 헤드라인!

일본 항복하다!

▲ 위 사진 제공 : 한국칼빈주의연구원장 정성구 박사

이 노래
기억하시나요?

광복의 노래

정인보 작사 / 윤용하 작곡

흙 다시 만져보자 바닷물도 춤을 춘다
기어이 보시려던 어른님 벗님 어찌하리
이날이 사십 년 뜨거운 피 엉긴 자취니
길이 길이 지키세 길이 길이 지키세

광복절光復節은
1945년 8월15일, 제2차 세계대전에서
일본 제국이 패전하여 일제강점기에 놓였던 한국이
독립을 성취하게 된 사건을 기념하는 날이다.
광복은 문자 그대로는 '빛을 되찾음' 을 의미하고
나라를 되찾았다는 뜻으로 쓰인다.
일부에서는 1948년의 같은 날짜에 이루어진
대한민국 건국을 함께 기념하는 날로 여기기도 한다.

8.15 광복 제77주년을 맞으며

제2차 세계대전 第二次世界大戰, Second World War은
1939년 9월 1일부터 1945년 9월 2일까지 치러진,
인류 역사상 가장 많은 인명 피해와 재산 피해를 남긴
가장 파괴적인 전쟁이었다.

1. 제2차 세계대전(大戰)의 종결(終結)

제2차 세계대전 第二次世界大戰, Second World War은 1939년 9월
1일부터 1945년 9월 2일까지 치러진, 인류 역사상 가장 많은 인명
피해와 재산 피해를 남긴 가장 파괴적인 전쟁이었다.

통상적으로 전쟁이 시작된 때는 1939년 9월 1일 새벽 4시 45분 아
돌프 히틀러가 다스리는 나치 독일군이 폴란드의 서쪽 국경을 침
공하고, 소비에트 사회주의 공화국 연방군(CCCP, USSR)이 1939
년 9월 17일 폴란드의 동쪽 국경을 침공한 때로 본다. 그러나 또
다른 편에서는 1937년 7월 7일 일본 제국의 중화민국 침략, 1939
년 3월 나치 독일군의 프라하 진주 등을 개전일로 보기도 한다.

2차 세계대전은 1945년 8월 6일과 8월 9일, 일본의 히로시마와 나
가사키 시에 미국의 원자폭탄 투하 이후 1945년 8월 15일 일본 제
국이 무조건 항복하면서 사실상 끝이 났으며, 일본 제국이 항복
문서에 서명한 9월 2일에야 공식적으로 끝난 것으로 본다. 이 결
과로 동아시아에서 일본의 식민지로 남아 있던 지역들이 독립하

▲ 해방을 환호하는 서울역 광장과
남대문로 일대의 인파

거나 모국으로 복귀하고, 그 외에도 여러 제국들의 식민지가 독립하게 되었다.

제2차 세계대전의 전사자는 약 2,500만 명이고, 민간인 희생자도 약 3천만 명에 달했다. 전쟁 기간 중 일본 제국은 1937년 중국 침략 때 난징南京 등에서 대학살을 감행하여 겁탈과 방화를 일삼으며 수십만 명의 난징 시민을 무자비하게 살해하였고, 포로 학살 등 여러 전쟁 범죄를 저질렀다.

또한 나치 독일은 '인종 청소'라는 이유로 수백만 명 이상의 유대인과 집시를 학살하였다. 미국은 1945년 3월 10일 일본의 수도 도쿄東京와 그 주변 수도권 일대를 소이탄을 사용해 대규모로 폭격한 이른바 '도쿄 대공습'을 감행해 민간인 15만 명을 살상했고, 같은 해 8월 6일과 9일에 각각 히로시마와 나가사키에 원자 폭탄原子爆彈 공격을 감행하여 약 34만 명을 살상하였고, 영국 공군과 미국 육군항공대는 드레스덴 폭격과 뮌헨 공습을 감행하여 각각 20여만 명을 살상하는 등, 전쟁과는 상관없는 민간인들의 피해도 매우 심했었다.

전쟁은 크게 서부 유럽 전선, 동부 유럽 전선과 중일 전쟁, 태평양 전쟁으로 구분할 수 있다. 이외에도 아메리카, 오세아니아, 아프리카, 중동, 대서양 해역과 인도양 해역 등 기타 하위 전선도 2차 대전의 전역에 포함된다.

2. 연합국(聯合國)의 대 일본(對 日本) 전쟁(戰爭)의 종결(終結)

하와이 진주만에서의 1941년 12월 7일(일요일)새벽에 일어난 일본 제국 해군이 저지른 '진주만 기습작전'은 예상했던 것 이상으로 콧대 높은 미국 해군을 박살 낸 쾌거였다고 일본 군인들은 자랑하며, 앞으로 태평양상에서의 모든 이익을 독차지할 것이라 호언장담하기에 부족함이 없었던 '대일본제국'의 빛나는 해상작전이었다.

중국대륙을 장중에 쥔 일본군은 남태평양을 석권하면서 필리핀에 있던 맥아더 장군을 호주로 내쫓아버렸고, '대동아공영'大東亞共榮을 부르짖으며 인도지나印度支那 일대를 석권하기에 이르렀다. 그러나 미국 해군은 1942년 6월에 침략군의 위세를 꺾고자 하여, 미드웨이 해전에서 진주만의 악몽을 씻을 수 있는 전과를 올리게 된다. 일본군은 정규 항공모함 5척과 경 항공모함 2척, 수상기모함 2척 및 전함 11척, 중重 및 경輕 순양함 계22척, 구축함 65척, 잠수함 22척 그리고 함재기(함재기)들 총 264기機의 막강한 세력을 보유하면서도 패배

1. 히로시마 우라늄-암호명 Little Boy 2. 나가사키 플루토늄-암호명 Fat Man 3. 히로시마 원폭 1945년 8월 8일

하고 말았다.

1944년 10월 맥아더 장군은, 필리핀의 레이테 만 전투에서 승리함으로 쫓겨났던 호주로부터 필리핀으로 귀환할 수 있었는데, 이는 미 해군과 호주 해군의 연합작전이 성공한 결과였었다. 일본은 이 전투에서 처음으로 가미카제神風特攻隊 돌격작전을 시행하였으며, 26척의 수상함을 잃는 패전을 겪어야만 하였다. 미군은 점차 승세를 몰아 북으로 진격을 하면서 일본 본토에 다가오고 있었는데, 1945년 3월 유황도硫黃島 전투에서는 일본군의 피해율

은 무려 96%, 20,933명 중 20,129명으로 일본군 거의 모두가 전사한 소위'옥쇄'玉碎작전이었다.

미군 역시 전사자 6,821명, 부상자 21,865명으로 집계되었다. 미국은 1945년 8월 6일과 8월 9일 양일에 히로시마와 나가사키에 원자폭탄原子爆彈을 투하하였으며, 일왕日王은 8월 15일 정오에 방송을 통해 무조건 항복降服을 선언함으로써, 소위 대동아전쟁大東亞戰爭 -世界第2次 大戰-은 종지부를 찍게 되었고, 우리 한민족(당시는 조선민족이라 불렸지만)은 36년

간이라는 일제日帝의 압박과 통치에서 해방
되어, 자유를 누리는 나라에서 살 수 있다고
믿어 기쁨의 백성으로 변하게 되었다.

3. 8.15 광복

그날이 오면 / 심 훈

그날이 오면 그날이 오며는
삼각산이 일어나
더덩실 춤이라도 추고 한강물이
뒤집혀 용솟음칠 그날이,
이 목숨이 끊기기 전에 와주기만 하량이면,
나는 밤하늘에 날으는 까마귀같이
종로의 인경人磬을 머리로 들이받아
울리오리다.
두개골은 깨어져 산산조각 나도 기뻐서
죽사오매
오히려 무슨 한이 남으오리까

그날이 와서 오오 그날이 와서 육조六曹 앞
넓은 길을 울며 뛰고 뒹굴어도
그래도 넘치는 기쁨에 가슴이 미어질 듯
하거든
드는 칼로 이 몸의 가죽이라도
벗겨서 커다란 북을 만들어 들쳐 메고는
여러분의 행렬에 앞장을 서오리다.

우렁찬 그 소리를 한번이라도 듣기만하면
그 자리에 거꾸러져도 눈을 감겠소이다.

백범 김구 선생의 글

나는 이 소식을 들을 때 희소식이라기보다 하
늘이 무너지고 땅이 갈라지는 느낌이었다. 몇
년을 애써서 참전을 준비했다. 산동 반도에
미국의 잠수함을 배치하여 서안훈련소와 부
양훈련소에서 훈련받은 청년들을 조직적, 계
획적으로 각종 비밀무기와 무전기를 휴대시
켜 본국으로 침투케 할 계획이었다. 국내 요
소에서 각종 공작을 개시하여 인심을 선동하
며, 무전으로 통지하여 비행기로 무기를 운반
해서 사용하기로 미국육군성과 긴밀한 합작
을 이루었는데, 한 번도 실시하지 못하고 왜
적이 항복한 것이다. 이제껏 해온 노력이 아
깝고 앞일에 걱정이었다.

백범 김구(金九) 선생이
일본의 항복 당시 상황을 술회하며 쓴 글 중에서

4. '8.15'를 중심한 역사적 사건들

가. 1945년 8월 7일

1945년 8월 7일 오후 4시 30분 모스크바의 크렘린 궁宮. 일본의 히로시마에 신형폭탄 원폭이 투하됐다는 소식을 들은 소련 스탈린은 일본에 대한 공격명령에 서명을 했다.

1945년 8월 8일 : 소련 대일본對日本 선전포고宣戰布告! 그는 부하들에게 힘주어 말했다. "전쟁의 열매는 힘으로 따지 않으면 확실히 맛볼 수 없다" 이틀이 지난 8월 9일 새벽 0시. 소만국경蘇滿國境에 진주해 있던 소련군이 일제히 국경을 넘어 만주로 쏟아져 들어왔다. 이 작전에는 소련군 157만 명과 화포. 박격포 2만 6,137문, 전차와 자주포 5,566량, 군용기 3,721대를 동원했다.

소련군의 진격은 만주에 그치지 않고 이틀 후에는 한반도 북단 동해안의 경흥, 함흥까지 밀고 내려왔다. 사할린 남부에도 소련 육군과 해군, 해병대가 국경선을 넘어 일본군을 공격했다. 소련군의 기습에 놀란 것은 공격을 당한 일본만이 아니었다.

원폭을 투하한 뒤 일본의 항복 소식만 기다리던 미국도 당황했고, 만주를 포함한 중국 전체를 통일하려던 장개석도 충격을 받았다. 다만 연안에서 일본군이 철수하면 장개석 정부와 일전을 벌이려던 모택동毛澤東과 소련군에 편입되어 한반도 진입을 준비하던 김일성(본명 金聖柱)의 88여단旅團만 회심의 미소를 지었다.

소련군은 만주를 북중국에서 고립시키고 한반도로 향하는 통로를 만들어 나갔다. 8월 15일 일왕日王이 항복 선언을 했으나 소련군과 관동군關東軍의 전투는 계속되었다. 동부국경에 있던 후토우 요새에서 민간인을 포함한 1,900명이 옥쇄로 모두 죽은 26일에야 만주에서의 전투가 종식되었다.

①　②

③　④

1. 1945년 8월 6일 피폭 후
   히로시마 거리
2. 모택동과 스탈린
3. 싱가포르에서 영국군의
   포로가 된 철창속의 일본군
   장교들 - 1945년 8월
4. 일본천황의 항복선언
   (1945년 8월15일 라디오 방송)

만주를 점령한 소련군은 제일 먼저 관동군의 수뇌부와 '푸이 황제'를 비롯한 일본의 괴뢰국傀儡國 만주국滿州國의 황족과 수뇌부를 연행해 전범재판戰犯裁判에 넘기면서 시베리아로 끌고 갔다. 이어 전리품戰利品이 된 공장 등 산업시설을 뜯어내 기차에 싣고 소련으로 가져갔다.

포로로 잡힌 관동군 60만 명은 노동력으로 활용하기 위해 시베리아로 끌려갔다. 이 와중에 군기가 풀린 소련군은 도처에서 약탈과 폭행, 강간을 일삼았다. 소련군의 군정軍政이 실시되자 중국 공산당은 그 기회를 틈타 세력을 확대해 나갔다.

스탈린이 낮게 평가했던 모택동의 홍군紅軍이 소련군의 점령이라는 특이한 정치공간을 이용해 저변을 넓혀 나간 것이다. 일본이 패망한 후 만주에는 조선인이 110만 명이나 남아 있었다. 일본군이 떠나자 만주 각 지역에서 중국인에 의한 조선인 박해사건이 잇따랐다. 특히 조선인 비율이 낮은 마을이 괴뢰 만주국의 패잔병이나 마적들의 집중적인 공격대상이 되었다.

상황이 악화되자 조선인들은 생존을 위해 주거지를 버리고 하얼빈, 목단강, 가목사, 연길, 길림 등 좌익계열의 독립군인 항일연군抗日聯軍이 장악하고 있는 도시로 몰려들었다. 이들은 자연스럽게 '반국민당, 친공산당'으로 기울어 중공군中共軍, 전 팔로군前 八路軍에 대거 입대入隊한다.

나. 8월 11일, 소련군대 북한으로 진격, 소비에트 화 준비 착수

소련은 6개월 전 '얄타회담'에서 미국과 체결한 결의에 근거해 8월 8일 '선전포고'와 동시에 대일전(對日戰)을 개시했다. 그리고 미국으로부터 무기와 장비를 지원받아 157만 명의 대군을 소·만 국경을 넘어 중국의 동북지역과 한반도로 진격시켰다. 소련군의 북한 진입은 8월 15일과 17일 사이에 급속히 이루어졌다.

소련 공군기는 함경도 웅진, 나진, 청진 등지에 폭격을 개시했고, 치스챠코프 대장이 이끄는 소련 극동방면군 소속의 제25군이 동해 해상을 통해 청진, 흥남, 함흥, 원산 등지를 거쳐 24일에는 평양으로 진입했다. 소련은 1차 미·소 공동위원회가 결렬되자, 북한 임시정부 수립에 본격적으로 나섰다. 소련군정과의 긴밀한 협의를 거쳐 소위 북조선임시인민위원회(위

일본이 패망한 후 만주에는 조선인이 110만 명이나 남아 있었다. 본군이 떠나자 만주 각 지역에서 중국인에 의한 조선인 박해사건이 잇따랐다. 특히 조선인 비율이 낮은 마을이 괴뢰 만주국의 패잔병이나 마적들의 집중적인 공격대상이 되었다.

▲1945년 8월 15일 서대문형무소 앞에서 해방의 기쁨을 누리고 있다.

원장 김일성, 전 소련군 대위)는 1946년 3월 토지개혁, 11월 3일 도·시·군 인민위원회 선거 등을 발 빠르게 추진해 나갔다.

- 그 이후 -

1947년 2월 북조선인민위원회 수립에 이어 1948년 2월 '인민군 창건'단계에 이르면서 북한 지역에는 사실상 행정부와 군 조직이 완성되었고, 무력으로 통일하고자 하는 준비가 착착 이루어지기 시작하였다.

다. 8월 13일, '분계선'이 '39도선'이 아니라 '38도선'으로 선정. - '運命의 1度 -

1945년 8월 11일 미국의 국무부·해군부·육군부 3부 조정위원회(SWNCC)는 그동안의 미 육군 부 제안들을 바탕으로 38선 이북은 소련군이, 이남은 미군이 일본군의 항복을 접수하도록 하는 '38선 분할초안'을 기안했다. 38선 분할 안이 최종 결정되기 전인 8월 12일에 이미 웅기·나진 등에 진주한 소련도, 미국이 제안한 이 조항을 반대 없이 받아들였다.

로우니 장군의 저서 '운명의 1도'

이어 태평양 방면 연합군 최고사령관 더글러스 맥아더가 1945년 8월 15일 발표한 '일반명령 제1호'에서 "38도선 이북의 일본군의 항복은 소련이, 이남 일본군의 항복은 미군이 접수한다."라고 선언하여 38선이 공식 기정사실화되었다. 트루먼은 38선 분할 안에 대해 "한국에서 힘의 공백이 생겼을 때 실질적 해결책으로 우리들에 의해 제안된 것"이라고 회고했다. 38선 확정은 별도의 미·소 간 비밀협약에 의한 것이라기보다 미·소 간 항복접수 구획선으로 제

▲ 미국 - 일본 항복 조인

안된 미 육군부의 건의에 그 기원을 두고 있다고 할 수 있다. 이는 단순히 군사작전의 구획설정을 위해 편의적으로 그어진 작전구획선 이상의 의미를 갖는다.

38선은 전후 한반도에 단일세력 진입을 막기 위한 신탁통치안, 제2차 세계대전 중 군사점령과 항복 접수를 일국에 맡길 수 없다는 구획선 안 등 전후 처리 과정에 줄곧 내재된 미·소의 국제정치적 흥정과 이익이 작용한 결과로 보인다.

에드워드 L. 로우니 장군의 증언

일본의 제2차 세계대전 공식 항복일(1945년 9월 2일) 직전 링컨 장군의 상관인 조지 마셜 장군은 남북 분단선 설정 안을 건의토록 지시했다. 회의에서 딘 러스크 대령은 한반도에서 가장 폭이 좁은 곳이어서 군사분계선 방어에 많은 병력이 필요치 않다는 이유로 평양 바로 아래쪽 39도선에 긋자고 주장했다. 하지만 링컨 장군은 예일대 지리학과 교수인 스파이크만이 1944년 저술한 '평화의 지리학'을 인용하면서 38도선을 지목했다.

스파이크만은 38도선 북쪽이 우위를 점하고 있다는 학설을 제기한 인물이다. 상황을 지켜본 로우니 장군은 '운명의 1도'에서, "돌이켜 보면 잘못한 일"이라며 "39도선 방어가 훨씬 쉬웠을 뿐 아니라 많은 미군 생명도 구할 수 있었을 것"이라고 지적한다.

리챠드 알렌, 전 미국 백악관 안보보좌관 증언

"실수는, 아시아에서 미래를 결정하는데 소련에게 동등한 지위를 준 것입니다. 특히 한국을 생각하면 그렇습니다. 소련은 단지 6일 동안 극동전쟁에 참여했습니다. 스탈린이 한 일은 그게 다였지만 북한에 손을 뻗었습니다. 그래서 유럽의 독일처럼 38선에 의해 나라가 분리됐습니다." 북위 38도선이라는 낯선 경계는 일반명령 1호에서 처음 그 존재를 드러냈다.

라. 8월 15일, 日王 '무조건 항복(無條件 降服)'

일본의 항복(Surrender of Japan)은 일본이 1945년 8월 14일에 연합국에 통보하였고, 8월 15일 낮 12시에 日王 쇼와昭和 천황天皇이 항복 선언을 한 것을 말한다. 9월 2일에는 일본의 도쿄(東京)만에 정박 중이던 미국 전함 USS 미주리 (BB-63) 함상에서 일본 대표가 정식으로 항복문서에 서명을 하였다. 이 항복으로 제2차 세계대전은 종결되었다.

日王의 항복선언 안믿어…
8월 15일 당일 서울은 쥐 죽은 듯 조용했다.

다음날이 되어서야 비로소 항복조항 내용대로 형무소에 있었던 죄수가 풀려 나고서야 인정되기 시작했다.

그 때서야 경성(서울) 시민들은 어제 방송이 일왕의 항복방송인 줄 알게 되었고, 해방, 광복을 환호하기 시작했다.

일본군 대본영(日本軍 大本營)은 미국의 지시대로 항복 절차와 방법을 명시해 각 지역에 있는 일본군에게 하달했다. 두 점령군을 위한 경계선. 38선은 이렇게 처음 한반도에 나타났다. 1945년 8월 15일. 원자폭탄이 투하된 지 1주일 만에 일왕은 라디오 연설을 통해 항복을 선언했다.

제2차 대전의 완전한 종말. 일본의 패망으로 군국주의 망령은 역사 속에서 자취를 감추게 됐다. 한반도는 해방의 감격에 휩싸였다. 일본은 물러갔다. 다시 제 나라의 주인으로 살수 있게 된 것이다. 그토록 염원하던 자주 독립 국가를 세울 수 있게 된 한반도는 희망과 희열로 넘쳐났다. 그러나 한반도에는 해방과 함께 분단의 그림자가 드리워지고 있었다.

마. 8월 22일, 소련군 北韓(38도선 이북) 軍政 시작

북한으로 진출한 소련군 치스챠코프 대장은 1945년 8월 하순 평양에 군사령부를 설치했다. 그리고 북한 각지에서 현지 일본군의 항복을 받고 무장해제를 실시하면서 38도선 일대에 초소를 설치했다. 남북을 왕래하는 통행인에 대한 검문검색을 강화했고, 남북을 연결하는 주요 철도, 도로 및 통신도 차단했다.

그 후 치스챠코프는 본격적인 군정실시 기관으로 민정관리총국을 설치했다. 이 기관은 정치, 경제, 교육, 문화, 보건, 위생, 출판, 보도, 사법지도부 등 군정에 필요한 9개의 지도부가 있었으며 정치사령부의 통제를 받았다. 소련 군정당국은 원활한 군정실시를 위한 사전 정지작업으로 평양진입 후 초기 얼마간은 조만식 등 민족주의자들의 명망과 조직을 이용했다.

그들은 조만식이 위원장으로 있던 평안남도 인민정치위원회를 승인해 한국인이 주권을 행사하는 것처럼 보이도록 했지만, 결과적으로는 8월 24일부터 9월 말에 걸쳐 민족주의자들이 중심이 돼 자발적으로 조직한 각지 자위대, 치안유지위원회, 건국준비위원회 지부와 좌익계열의 보안대, 적위대 등의 각종 정치 군사단체들을 흡수 통합해 도별 인민위원회를 세웠다. 각 도별 인민위원회 위원장에는 한국인을 기용했다. 그러나 고문관에는 소련군 장교들을, 실권 있는 요직에는 소련계 한인들을 앉혔다.

그러므로 이 기구는 외관상 자주적으로 운영되는 것처럼 보였으나 실질적으로는 소련 군정당국에 지배되고 있었다. 따라서 각 도의 인민위원회는 시간이 경과함에 따라 민족진영 세력이 점차 배제되면서 주로 친소적 공산주의자들에 장악됐다.

각 도별 인민위원회는 행정기관, 경찰관서, 경제기구 등 구 일본의 모든 행정기관들을 접수하고 행정권을 인수했다. 그런 후 소련 군정당국은 10월 14일 평양에서 군중대회를 열고 소련군 대위 김일성을 북한주민 앞에 내세웠다.

또 11월 18일에는 5도 인민위원회를 통괄하는 5도 행정국을 설치하고 산업, 교통, 체신, 농림, 사법, 재정, 교육, 보건, 사법, 보안 등 10개 국으로 된 행정체제를 정비했다. 이어서 김일성은 12월 중순 북조선공산당 책임비서로 선정되면서 소련군정당국의 하수인으로서 북한의 최고 권력자로 부상했다.

소련 군정당국은 김일성 일파로 하여금 지주들의 토지를 몰수케 하고,(무상몰수 무상분배) 이를 농민들에게 분배해 주면서 일반 대중에게 공산주의에 대한 동경과 환상을 심어주는 계급투쟁을 전개했다. 동시에 그들은 북한 내 국내파 공산주의 세력과 민족주의 세력을 포섭 혹은 흡수하는 노력도 기울였다.

그 과정에서 소련 군정에 협조하는 동조자는 포섭하고, 비협조자들에 대해서는 남한탈출을 묵인하거나, 혹은 구금하는 방법으로 숙청작업을 전개했다. 이렇게 소련 군정당국은 불과 약 4개월 만에 김일성을 정점으로 한 북한권력체제를 형성시켜 놓았다.

바. 9월 2일, 일본 항복 조인식, 東京 灣, 미주리 艦上

▲1945년 9월 2일 도쿄, 미 미조리 함상에서 일본의 항복 승인을 서명하는 맥아더 미 극동사령관 (일본인의 '살아있는 산 (現神人)을 무릎 꿇린 점령군 총사령관 맥아더)

1945년 9월 9일 오후 4시,
조선 총독부 제1회의실에서
아베 노부유키(阿部信行) 총독이
미 제24군단의 '존 하지' 중장과
제7함대 사령관 '킨케이드' 제독 등
미군 장성들이 지켜보는
가운데 항복문서에 서명을 했다.

위. 1945년 9월 2일 도쿄, 미 미조리 함상에서 일본 대표가 항복문서에 서명하는 장면을 맥아더 미 극동사령관이 지켜보고 있다. 아래. 1945년 9월 9일 조선 총독, 항복문서에 서명.

사. 9월 9일, 미군 南韓(38도선 이남) 軍政 시작

1945년 9월 9일 오후 4시, 조선 총독부 제1회의실에서 아베 노부유키(阿部信行) 총독이 미 제24군단의 '존 하지' 중장과 제7함대 사령관 '킨케이드' 제독 등 미군 장성들이 지켜보는 가운데 항복문서에 서명을 했다. 이미 1주일 전 동경 만에 정박한 미주리 함상에서 공식적인 항복 조인식이 있었지만, 이날 항복문서의 효력은 38선 이남에만 적용된다는 것이 달랐다.

오키나와에 주둔하고 있던 미군은 바로 전날인 9월 8일 인천을 통해 한반도에 상륙했던 터였다. 잠시 후, 총독부 앞뜰에서는 8월 15일 일왕의 항복 선언 뒤에도 23일간이나 게양되어 있던 일장기日章旗가 내려지고 성조기星條旗가 올라갔다.

한반도의 통치권이 일본 제국주의의 총독부에서 미군정으로 넘어가는 순간이었다. 일본인들의 한국 식민정책 최종 총독, 아베 노부유끼阿部信行는 1944년 제10대 마지막 조선 총독으로 취임하여 한국에서 전쟁물자를 지원하기 위해 인력과 물자를 일본으로 착취해 갔다.

조선총독으로 부임 후 전쟁수행을 위한 물적ㆍ인적 자원 수탈에 총력을 기울였다. 징병ㆍ징용 및 근로보국대의 기피자를 마구잡이로 색출했으며, 심지어는 여자정신대 근무령을 공포해, 만 12세 이상 40세 미만의 여성에게 정신 근무령서를 발부했고, 이에 불응 시는 국가 총동원법에 의해 징역형을 내리기도 했다. 아베 노부유끼는 미국이 우리나라에 들어오자 총독부에서 마지막으로 항복문서에 서명했다. 대한민국을 떠나면서 그때 남긴 아베 총독의 기막힌 말

"우리는 패했지만 조선은 승리한 것이 아니다. 장담하건대, 조선민이 제정신을 차리고 찬란하고 위대했던 옛 조선의 영광을 되찾으려면 100년이라는 세월이 훨씬 걸릴 것이다. 우리 일본은 조선 사람에게 총과 대포보다 무서운 식민교육을 심어 놓았다. 결국은 서로 이간질하며 노예적 삶을 살 것이다. 보라! 실로 조선은 위대했고 찬란했지만 현재 조선은 결국 식민교육의 노예로 전락할 것이다. 그리고 '아베 노부유키'는 다시 돌아온다."

일제日帝는 강점기强占期 중 식민정책植民政策:'징병徵兵'과 '징용徵用', 창씨개 명創氏改名 등 악정을 시행하였다. 그러나 일제 말엽, 제2차 세계대전이 일어나면서, 정국政局은 종국終局으로 치닫고 있었다. 젊은이들은 강제로 징병과 징용으로 잡혀 나가야 했다.

징병으로 간 사람들은 만주와 남양군도南洋群島 등으로 끌려갔다. 만주로 간 사람들은 장개석 군대로 도망쳤으며, 혹은 잘못되어 우리 독립군과 싸우는 기구한 운명에 부닥치는 사람들도 있었다. 남양군도南洋群島로 간 사람들은 미군과 싸웠다. 극도로 열악한 보급으로 연명할 뿐...., 아사 직전의 형태에서 싸웠던 것 같다. (강제징병 약 21만 명, 지원병 형식 43만여 명, 여자정신대 약 20만 명, 소계 84만여 명.)징용은 군인이 아니라 노무자로 끌려가는 것이며, 각 전쟁용품을 생산하는 기업체, 광산 노무자, 군속軍屬; 군대에서 군을 보조하는 노무자)등으로 징집되어 갔다. 징용자들도 보급품이 열악해 겨우 생명을 연명하는 정도에서 극도의 강제노동에 시달렸다. (강제노력동원은 주로 해외 탄광, 군수공장, 전선노역 등 150만 명 이상으로 추산)

창씨개명創氏改名:1938경부터 …

동서고금을 다 털어 봐도 이런 처사는 우리나라가 처음 당하는 일이었다. 악랄한 일본은 한국 민족을 근본적으로, 뿌리부터 없애려는 계책으로 우리의 뿌리인 성姓을 없애고 우리식의 이름마저 자기들 일본식 방식으로 강제 변경하였다.

물자 수탈物資收奪 및 신사참배神社參拜 강요:

제2차 세계대전 말기에 이르자 우리들 가정에 있는 모든 쇠붙이, 놋그릇 할 것 없이 수탈해 갔고, 초등학교 학생부터 민간인들까지 마초馬草받치기, 비행장 및 도로 건설 노력동원 등 온갖 착취를 당하였다.

조선총독부, 국기 게양대에
일장기,
성조기 그리고 태극기

1910년 강제로 추진한 '한일합방'이래 한반도를 식민지로 삼은 일본의 국기 '일장기'는 당연히 1945년 8월 15일 찢기어 내려졌어야 했거늘, 미국 군대가 일본군이 항복을 하고, 무장해제를 할 때까지 기다려야 하는 기가 막히는 시간이 흘러갔다.

1945년 9월 9일, 미군은 일본의 '조선총독'으로부터 정식으로 항복을 받았으며, 이에 따라 일장기日章旗는 하강했으며, 태극기太極旗대신 미국의 국기인 성조기星條旗가 걸렸다.

글을 마치며 …

올해로 우리 민족이 해방된 지 77주년이 되는 해이다. 사실, 우리 힘으로는 일제의 억압과 수탈 속에서 광복의 기쁨을 맞이하기란 역부족이었다. 만약 해방이 되지 않았다면 우리 민족의 상황은 지금 어땠을까 하는, 만약이라는 경우의 수도 생각해 보곤 한다. 우리 민족의 찬란한 문화, 언어, 이름, 고유한 전통들은 다 말살되고 사라졌을 것이다.

해마다 우리는 광복절을 맞는다. 하나님께서는 1945년 8월 15일 우리에게 광복을 허락하셨다. 일제로부터의 광복이지만, 또한 이 민족이 지은 죄과로부터 회개시키기 위한 광복이었다. 돌이켜 보면, 하나님께서는 이 백성을 사랑하셔서 내버려 두지 아니하시고 일제 치하에서 고통하게 하시고, 회개토록 하시기 위해서 이 백성에게 살길을 열어주셨다.

그런데 우리는 지금 하나님의 은혜를 까마득히 잊어버리고 살고 있다. 아이러니하게도 교회 안에는 무속신앙인들과 미신이 가득하다. 광복 이후 우리 한국교회는 신사참배에 대한 회개는커녕 더 많은 죄를 범하고 있다. 급기야 하나님께서는 1950년 6·25동란이라는 채찍을 드셨고, 그 상처가 아물기도 전에 기독교는 맘몬의 사상에 사로잡혀 그때를 까마득히 잊어버리고 있다.

중세기 로마 교황청은 물질적으로 풍요했다. 그러나 실상은 아무것도 베풀 것이 없는 가장

중앙청中央廳에 국기國旗가 게양된 역사歷史들

1910년서부터 1945년까지 일장기가 올려졌으며, 온갖 약탈과 탄압의 역사가 이루어졌다. 해방, 1945년 8월 15일에 당연히 올려져야 할 태극기를 올리지 못하다가 해방 후 1945년 9월 9일에 태극기 대신 성조기가 게양되었으며, 미군 군정이 끝나고 대한민국 정부가 수립된 1948년 8월 15일에야 우리 국기인 태극기가 게양되었다.

다시 1950년 6월 25일 불법 남침한 북괴군의 서울 점령으로 태극기는 내려졌고 인천상륙작전과 수도권 수복작전에 따라 9월 28일 한국 해병대에 의해 다시 태극기가 게양되었으며, 미 영사관에는 성조기, 중앙청 다른 게양대에는 UN기도 게양되었었다.

그 후 1.4 후퇴에 따른 수도권의 포기에 의해 태극기는 다시 내려졌었으나 1951년 3월 15일 서울 재수복으로 또다시 태극기가 게양되는 어지러운 역사가 이어지는 시대였었다. 9. 28 수복작전 때, 중앙청 일대는 미 해병 제1사단 작전지역이었다.

좌. 1945년 9월 9일 '총독부' 광장 국기 게양대에 일본 국기가 내려지고 있고
우. 태극기 대신 성조기가 게양되고 있다.

가난한 집단이었다. 한국교회가 그랬다. 그동안 한국교회는 넘쳐나는 헌금으로 자기도취에 빠져있는 교회들이 비일비재 했었다. 그 풍요의 그늘 한켠에는 배를 움켜쥐고 교회 월세, 생활비, 자녀 교육비 등으로 쥐엄 열매를 먹고 살아야 될 정도로 피폐해진 종들이 얼마나 많이 있었는가.

코비드 19의 강타로 한국교회는 휘청거리고 있다. 주저 앉기 일보 직전이다. 더는 시간이 없을지도 모른다. 지금이 마지막 기회라고 생각하고 이 땅의 모든 교회와 기독교인들은 하나님 앞에 비통한 심령으로 무릎을 꿇어야 한다.

Langcaster New Era
1945년 8월 14일 화요일 헤드라인

워싱턴에서는 일본의 항복선언이
빠른 시간내에 이루어질 것으로 예상한다!

(사진 자료 제공·한국칼빈주의연구원장 정성구 박사)

▲ 모택동을 만난 김일성

▲ 김일성이 1948년 9월 10일 북한 정권 수립 선포 이후 정부 정강을 발표하는 모습

▲ 스티코프 군정사령관

▲ 1945년 미해군 미조리함 승전 축하비행

▲1945년 9월 9일 미군 서울 입성

▲1945년 10월 연합군 환영 현수막이 걸린
옛 화신백화점앞

▲빅토리 유럽 데이(V-E Day) 영국 런던 피카디리 앞에 운집한 인파 - 1945년

▲1948년 7월 24일 이승만 대통령 취임선서

좌. 8.15 해방을 맞아 서울 남산 국기게양대에 처음으로 태극기를 게양하는 모습
우. 1950년 9월 29일 중앙청에 걸린 UN깃발

1948년 8월 15일
정부 수립 선포식.

하나님께서 세우신 나라
자유민주주의 대한민국

대한민국 제헌국회 기도문
- 대한민국의 첫 헌법은 이 기도의 정신을 바탕으로 만들어졌다.-

우리에게 독립을 주신 하나님!

1948년 5월 31일, 대한민국의 역사적인 제헌국회 개원식이 거행되었다. 초대의장에 이승만, 부의장에 신익희, 김동원 의원이 선출되었다. 이날 의원 일동이 기립하여 감사기도를 올렸다. 당시는 '정치와 종교는 분리된다'라는 헌법조항이 없었기에 허용되었다. 임시의장 이승만 박사가 의장석에 등단하여 전 국회의원들에게 먼저 하나님께 기도하자고 제의하고, 이윤영 의원(목사)이 기도했다.

▶ 임시의장(이승만)

대한민국 독립민주국 제1차 회의를 여기서 열게 된 것을 우리가 하나님에게 감사해야 할 것입니다. 종교, 사상 무엇을 가지고 있든지, 누구나 오늘을 당해가지고 사람의 힘으로만 된 것이라고 우리가 자랑할 수 없을 것입니다. 그러므로 하나님에게 감사를 드리지 않을 수 없습니다. 나는 먼저 우리가 다 성심으로 일어서서 하나님에게 우리가 감사를 드릴 터인데 이윤영 의원 나오셔서 간단한 말씀으로 하나님에게 기도를 올려주시기를 바랍니다.

▶ 이윤영 의원 기도(일동기립)

이 우주와 만물을 창조하시고 인간의 역사를 섭리하시는 하나님이시여 이 민족을 돌아보시고 이 땅에 축복하셔서 감사에 넘치는 오늘이 있게 하심을 주님께 저희들은 성심으로 감사하나이다

오랜 시일동안 이 민족의 고통과 호소를 들으시사 정의의 칼을 빼서 일제의 폭력을 굽히시사 하나님은 이제 세계만방의 양심을 움직이시고 또한 우리 민족의 염원을 들으심으로 이 기쁜 역사적 환희의 날을 이 시간에 우리에게 오게 하심은 하나님의 섭리가 세계만방에 현시하신 것으로 믿나이다.

하나님이시여, 이로부터 남북이 둘로 갈리어진 이 민족의 어려운 고통과 수치를 신원하여 주시고 우리 민족 우리 동포가 손을 같이 잡고 웃으며 노래 부르는 날이 우리 앞에 속히 오기를 기도하나이다.

원컨대, 우리 조선독립과 함께 남북통일을 주시옵고 또한 민생의 복락과 아울러 세계 평화를 허락하여 주시옵소서

거룩하신 하나님의 뜻에 의지하여 저희들은 성스럽게 택함을 입어 가지고 글자 그대로 민족의 대표가 되었습니다. 그러하오나 우리들의 책임이 중차대한 것을 저희들은 느끼고 우리 자신이 진실로 무력한 것을 생각할 때 지와 인과 용과 모든 덕의 근원되시는 하나님께 이러한 요소를 저희들이 간구하나이다.

이제 이로부터 국회가 성립되어서 우리 민족의 염원이 되는 모든 세계만방이 주시하고 기다리는 우리의 모든 문제가 원만히 해결되며 또한 이로부터서 우리의 완전 자주독립이 이 땅에 오며 자손만대에 빛나고 푸르른 역사를 저희들이 정하는 이 사업을 완수하게 하여 주시옵소서.

하나님이 이 회의를 사회하시는 의장으로부터 모든 우리 의원 일동에게 건강을 주시옵고, 또한 여기서 양심의 정의와 위신을 가지고 이 업무를 완수하게 도와주시옵기를 기도하나이다.

역사의 첫걸음을 걷는 오늘의 우리의 환희와 우리의 감격에 넘치는 이 민족적 기쁨을 다 하나님에게 영광과 감사를 올리나이다.

이 모든 말씀을 주 예수 그리스도 이름 받들어 기도하나이다. 아멘.

(이윤영 목사는 기독교대한감리회 목사이다)

근대사를 상기해 보면 초대 대통령 이승만은 1945년 크리스마스를 국경일로 지정하고 기독교계의 요구를 수용해 형목 제도를 만들어 교도소 교화 사업을 기독교가 전담하도록 했다. 1947년 서울 중앙방송을 통해 선교 방송을 하게 하였으며, 국기 우상화, 반대 운동을 펼쳐 국기 배례를 '주 목례'로 바꾸고, 군종 제도를 실시해 군 선교를 하도록 했다. 또 경찰 선교를 시행하고, 기독교 청년회(YMCA) 등 기독교 단체에 후원하였으며, 1954년에 기독교 방송국을, 1956년에 극동방송을 설립하여 이에 따라 군의 경우 1950년 군종창설 당시 5%에 불과했던 군내 기독교인 비율은 1956년 15%까지 상승했다.

이승만은 해방 뒤 귀국해 1945년 11월 한 연설에서 "지금 우리나라를 새로이 건설하는 데 있어서 튼튼한 반석 위에다 세우려는 것입니다" "오늘 여러분이 예물로 주신 이 성경 말씀을 토대로 해서 세우려는 것입니다. 부디 여러분께서는 하나님의 말씀으로 반석을 삼아 의로운 나라를 세우기를 위해 매진합시다."라고 했다.

이어 1946년 3.1절 기념식에서는 "한민족이 하나님의 인도하에 영원한 자유 독립의 위대한 민족으로서 정의와 평화와 협조의 복을 누리도록 합시다."라고 했다. 또 1948년 5월 27일 국회의원 예비회의에서 임시의장으로 선출, '하나님과 순국선열과 3천만 동포 앞에 감사 선서함'이란 문구의 선서문을 채택했다. 이어 4일 뒤인 1948년 5월 31일 제헌국회 개원식에선 "대한민국독립 민주 국회 제1차 회의를 열게 된 것을 하나님께 감사해야 할 것"이라며 당시 제헌국회 의원이자 감리교 서부연회장인 이윤영 목사를 단상에 불러 기도를 부탁했다.

역사적인 대한민국 처음 국회가 목사의 기도로 문을 열었다는 것이다. 이승만은 그해 7월 24일 대통령의 취임식에서도 하나님의 은혜를 되새기며 "오늘 대통령 선서하는 이 자리에서 하나님과 동포 앞에 나의 직책을 다하기로 한 층 더 결심하며 맹세합니다."라고 밝혔다. 이는 하나님께 약속한 일이 이 민족 가운데 이루어지게 하는 사명의식이 필요하다는 것을 상기시키는 대통령 취임사였다.

이렇게 대한민국은 건국 초기에 하나님과의 언약의 당사자로 국가적인 차원에서 1948년 5월 31일 하나님과의 분명한 언약 관계를 맺었다. 동족상잔의 비극인 6·25 3년 전쟁의 폐허 속에서 혹자는 당시, 대한민국이 전쟁의 폐허를 복구하려면 족히 100년은 걸려야 회복이 될 것이라고 할 정도로 그 참상은 실로 끔찍했다. 전 국토는 회생 불가할 정도로 완전 초토화되어버렸다. 우리 민족이 6·25의 폐허를 급속도로 복구하고 산업, 군사, 경제, 교육, 문화 등을 기적같이 발전, 부흥시킨 것은 집권자의 지도력이나, 기업의 공헌, 국민의 근면에서만 기인했다고 설명할 수는 없다.

6·25의 참상을 겪은 하나님과 언약의 당사자인 한국교회의 간절한 눈물의 기도가 있었기 때문임은 두말할 나위가 없다. 하나님께서는 하나님과 언약 관계의 당사자인 우리 자유대한민국을 빠르게 회복시켜주셨다. 대한민국을 세계 10대 경제대국, 군사, 교육, 문화 대국으로 만들어주셨고 세계 선교 대국이 되게 하셨다. 넘치는 부요와 풍요로움 속에 부족한 것이 없을 정도도 잘 먹고 잘살도록 축복의 통로로 길을 활짝 열어주신 것은 하나님과의 언약의 당사자로서 가정과 사회, 문화, 국가를 성서 위에 바르게 세우는 건전한 기둥을 이루도록 한국교회에 주신 사명이요 몫이었기 때문이다.

그러나
한국교회는 하나님과의 언약의 당사자로
언약을 파기하기 시작했다.
그 결과 지금 한국교회는 혹독한 하나님의 심판 속에 들어있다.
그래도 정신 못 차리면 심판의 혹독함은 더 할 것이다.

대한사람
대한으로
길이 보존하세

자유민주주의 나라 대한민국 건국 대통령
우남 이승만은 보석 같은 인물이었다.
나라는 약했지만,
이승만은 강한 지도자였다.

자유민주주의 나라 대한민국 건국 대통령 우남 이승만은 보석 같은 인물이었다. 나라는 약했지만, 이승만은 강한 지도자였다. 이승만이 국제적으로 얼마나 중요한 인물이었는가는 그가 유학생 자격으로 미국 땅을 밟은 1904년부터 하와이에서 생을 마감한 1965년까지(뉴욕타임스) 게재된 1,256건에 이르는 기사로 알 수 있다.

이승만은 '대륙문명권'에 속했던 우리 민족을 '해양문화권'으로 확실하게 편입시켰다. 다시 말해 이승만은 문명사적 전환을 주도한 인물이었다.

우리 대한민국이 오늘날의 자유와 번영을 누리게 된 것은 구한말부터 형성되어온 문명개화의 꿈을 국가 차원에서 실현한 개화파 지식인인 이승만의 공로였다. 오늘에 이르기까지의 대한민국의 지도자들은 이승만이 그처럼 어렵게 만들어 놓은 반석 같은 자유민주주의 토대 위에서 오늘날 '자유와 번영'을 이룩해낼 수가 있었다

아쉬운 점은 '대한민국의 건국'이 헌법 전문에서 빠져있다는 것이다. 그것은 이승만에 대한 부정적인 평가가 만연한 결과이기 때문이다. 역사 이래 어느 왕조이든, 대통령이든 공, 과실이 없을 수가 없다. 이것을 인정하지 않으려는 불온 세력들의 선동과 주장들, 나아가서 국민적 자존감의 결여이다. 분명한 것은 해방 3주년이 되는 1948년 8월 15일 대한민국의

건국과 정부 수립을 만천하에 널리 선포하였다는 것이다.

누가 뭐래도 이승만은 한국 현대사에서 지울 수 없는 거목 중에 거목巨木이다. 소련과 미국의 신탁통치를 거부하고 대한민국을 세웠다. 한미방위 조약을 체결하여 대한민국의 안보와 국방의 틀을 견고히 세웠고 그 틀 위에서 대한민국이 세계적 역량을 발휘하는 기초(초석)를 다져냈다. 이때 만일 이승만 대통령이 없었고 미군이 대한민국에서 철수했다면 당시 혼란한 시대의 여건상 대한민국은 곧바로 공산화가 되었을 것이다. 교회는 다 무너지고 지금은, 우리와 우리의 후손들은 공산 치하에서 김일성 삼부자의 우상화와 모진 핍박과 고문, 고통 속에서 차마 죽지 못하고 근근이 생명을 연명하고 있을 것이다.

이승만은 한반도의 공산화를 막은 자유민주주의자이며, 철저한 반공주의자였다. 지금 우리가 누리는 자유와 번영은 이승만 대통령이 우여곡절 끝에 닦아 놓은 토대 위에서 이루어진 것임을 후손인 우리는 잊지 말아야 할 것이다.

클라크 유엔군 사령관은 회고록 '다뉴브강에서 압록강까지'에서 "이승만은 지혜롭고 존경할 만한 애국자다. 그 앞에 서기만 하면 나는 소년처럼 작아진다."라고 술회할 정도다. 그는 강력한 리더십을 갖고 작지만 큰 나라와 겨룰 만큼 강한 리더십의 소유자로 그것이 열강의 틈 속에서 살아남는 기적을 만들어 냈다. 이승만의 결단과 리더십, 국제적 감각과 외교력, 뛰어난 통찰력까지 그가 없었으면 전쟁에서 살아남을 수 있었을까? 그는 대한민국의 초대 대통령으로 대한민국의 건국을 세계에 선포한 대통령이며, 공산침략으로부터 나라가 풍전등화에 처해 있을 때 나라를 구한 대통령이다. 이렇게, 하나님께서는 대한민국을 사랑하셔서 이승만 같은 지도자를 미리 예비해 놓으신 것이다.

자기 몸과 집을 자신이 다스리지 않으면 대신 다스려줄 사람이 없듯이,
자기 국가와 민족을 자신이 구하지 않으면
구해줄 사람이 없다는 것이 바로 책임감이요, 주인 된 관념이다.

- 안창호 -

동족상잔의 비극
6 · 25
전쟁의 진실
북괴군의 남침

6 · 25 전쟁은 우리 한국 민족사뿐 아니라 세계 역사까지 굽이지게 틀어 놓은 국제적인 대환란이었다. 3년 1개월 2일(1950. 6. 25~1953. 7. 27)에 걸친 동족상잔의 비극과 동서양 대진영의 투쟁을 돌아보면서 특히, 6 · 25 전쟁에 대해서 올바른 지식이 없는 동시대를 함께 사는 어린이, 청소년, 젊은이, 어른세대들로 하여금 역사적 교훈은 거저 얻어지는 것이 아니라, 피로 얼룩지는 엄청난 희생의 대가를 통해서만이 얻어질 수밖에 없다는 점을 확실히 알리고 다시는 이 땅에서 6 · 25전쟁과 같은 동포끼리 서로의 가슴에 총부리를 겨누며 지옥을 방불게 하는 동족상잔의 참혹한 비극이 되풀이되지 않도록 힘쓰고 최선을 다해 노력해야 할 것이다.

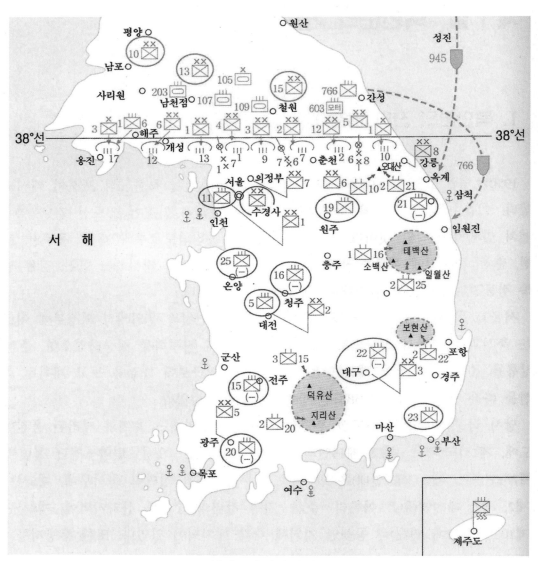

북한군의 전면 남침도

한민족은 오랜 역사와 문화적 전통을 지닌 통일 민족국가다.

하지만 주변 강대국들이 식민지 쟁탈전을 전개하면서 한반도는 위기에 처하게 됐다.

ㅋㅋ

꿀꺽.

어떤 나라든 침략해서 뺏어버려!

먼저 차지하면 우리 땅이다.!

1910년 8월 22일. 일본이 대한 제국을 침략했다.

으악!

퍽

일본은 강제로 〈한일합병조약〉을 체결해 대한 제국을 약탈했다.

매국노 이완용

통감 데라우치

제1조.
한국 전부에 관한
일체의 통치권을
완전히 또 영구히
일제에게 넘긴다.

도장!

꾹.

대한 제국은 일본이 통치한다!

말도 안 돼.

나라가 사라졌어!

우

우

우

일제는 대한 제국의 국권침탈 행위를 감추고 한일합방이라고 주장했다. 그러나!

國恥

이날은 경술국치일로도 불린다.

?

무슨 뜻이죠?

1910년 경술년에 당한 국가적인 치욕 사건이라는 의미야.

그때부터 36년 동안 일본이 통치하는 일제강점기가 이어졌다.

한국은 우리 맘대로 다스린다!

1943년 11월 27일, 미국·영국·중국 등 3개국의 정상이 참석한 <카이로 회담>이 열렸다.

장제스

루스벨트

처칠

식민지 상태의 한국을 독립 시키기로 합의합시다.

찬성 합니다!

1945년 2월 4일~ 11일, 2차 세계대전 이후를 의논하기 위해 <얄타 회담>이 열렸다.

스탈린   루스벨트   윈스턴 처칠

전쟁이 끝나면 한국은 미국, 영국, 중국, 소련 등 4개국이 일정 기간 동안 신탁통치를 거친 후 독립 시킵시다.

프랭클린 루스벨트

오케이! 합의합니다.

1945년 8월 6일과 8월 9일, 일본의 히로시마와 나가사키에 원자폭탄이 떨어졌다.

1945년 8월 15일, 일본이 항복을 선언함으로써 제2차 세계대전이 종결되었다.

드디어 한국은 36년 일제 강점기 식민 지배에서 해방되었다.

대한 독립 만세!

와

와

와

만세!

이제 한국 스스로

새로운 나라를 세워봅시다.

그런 상황에서 소련이 한반도 전역을 점령하려고 시도하자 미국이 반대했다.

중간 지점인 북위 38도 선을 경계선으로 정해서 북쪽에는 소련군이, 남쪽에는 미군이 진주하여 일본군을 몰아냅시다.

좋습니다.

그때부터 한국은 미군과 소련군에 분할 점령당한 분단 국가가 되었다.

슬프다. 비극의 시작.

1945년, 소련군은 평양에 진주했고 미군은 서울에 진주했다. 그러나 두 나라의 생각은 달랐다.

소련군
평양
서울
미군

38도선은 일본군의 무장해제를 위해 임시로 정한 것이다.

미국

쭈욱

38도선을 만든 후 북쪽을 서서히 소련처럼 만들어야겠다.

소련

미국과 소련이 한반도 문제를 해결하지 못하자 결국 이 문제는 국제연합 유엔(UN)으로 이관되었다.

찡

한국에서 유엔 감시아래 <통일한국의 정부>를 수립하기 위한 총선거를 실시합시다.

미국

새로운 정부가 수립되면 미국·소련 양군은 철수합니다.

그러나 소련은 <통일한국 정부> 수립 총선거에 반대했다.

안돼!

북한에서의 유엔 활동을 반대합니다. 우리 맘대로 할 것입니다.

소련

1948년 2월.

그렇다면 총선거가 가능한 남한에서 먼저 선거를 하고 독립정부를 수립합시다.

UN

찬성.

1948년 8월 15일. 유엔의 감시아래 남한에서 먼저 선거가 실시되었고 초대대통령으로는 이승만대통령이 취임했다.

大統領就任

이승만

하나님과 동포 앞에서 나의 직무를 다하기로 맹세합니다.

동포 여러분들도 민족의 행복을 위하여 최선을 다해 주십시오.

소련은 북한에서 소련식의 선거를 실시했고

최고인민회의대의

선거실

김일성을 내세워 <조선 인민공화국>이라는 공산정권을 발족시켰다.

김일성

수단과 방법을 가리지 않고

목표를 이루고야 말겠다.

소련의 도움을 받은 북한군 규모는 점점 커지는구나.

내 목표는 남침을 통해 통일을 성취하는 것이다.

1950년 4월, 김일성은 남침 동의를 얻기 위해 소련 공산당 서기장 스탈린을 찾아갔다.

중국이 동의한다는 조건으로 북한의 남침 전쟁을 승인하겠소.

스탈린

1950년 5월, 김일성은 중국공산당 주석 모택동을 방문해 전쟁 승인을 받아냈다.

알겠소.

군인과 무기를 동원해 당신을 지원하겠소.

모택동

감사합니다. 남한을 불바다로 만든 뒤에 .

통일시키겠습니다.

김일성

북한군은 무섭게 쳐들어왔다.

콩.

타타타.

포천

춘천

강릉

인천

한국의 많은 군인은 외박이나 휴가를 나간 상태였다.

맛있다

쩝

북한의 김일성은 6월 25일 오후 1시 35분 평양방송을 통해 거짓말로 남침을 은폐했다.

치 직

치 직

남한이 오늘 옹진반도에서 북한을 공격해서 북한이 반격했습니다.

이 전쟁은 남한을 해방시켜 <조선민주주의인민공화국>으로 통일을 성취할 전쟁입니다.

돌격 앞으로!

사정없이 공격 하라우!

쾅 쾅 쾅

탕.

1950년 6월 28일, 북한의 기습남침으로 무방비상태의 수도 서울은 3일 만에 힘없이 점령당했다.

서울

7월 5일에는 오산, 7월 24일 대전, 7월 말엔 목포와 진주, 8월 초엔 김천과 포항을 함락시켰다.

오산

대전

쾅 쾅

김천

포항

진주

목포

이승만 대통령과 국군은 서울을 포기하고 남하할 수밖에 없었다.

탕탕탕! 싹 쓸어버려!

쾅

쾅.

쾅.

빨리 남쪽으로 피난 갑시다! 무서워 .

엄마! 배고파.

앙.

북한군의 남침으로 38선 전역이 초토화됐을 때 동해에서 승전보가 전해졌다.

타타타타
쿵

대한민국 해군의 첫 전투함 PC-701백두산함이 승리했다!

와!
와

1950년 6월 26일 새벽 1시 38분, 부산 상륙을 위해 침투하던 북한 인민군 선박을 격침한 것이다.

쿵
쾅

백두산 함이 적선을 발견한 것은 6월 25일 오후 8시 20분쯤이었다.

!

남하하는 국적 미상의 괴선박을 발견했습니다.

국적 확인을 위해 1시간이나 추적하면서 신호를 보냈으나

답이 없습니다! 수상합니다.

뚜뚜뚜
뚜뚜뚜뚜뚜

적선이라고 판단한 우리 해군은 즉시 해군 본부에 보고했다

정체불명의 괴선박을 발견했습니다!

잠시 후 해군본부로부터 명령이 떨어졌다.

즉시 격침하라!

백두산 함은 3km 밖의 괴선박을 향해 3인치 주포를 발사했다.

콰콰 콩 콩

괴선박에서도 응사해왔다. 대한 해협에서 해상 전투가 벌어진 것이다.

쿵쿵쿵 콩 콩 타타타타타

오후 9시 30분부터 시작된 전투로 괴선박은 마침내 26일 새벽, 울산 앞바다에서 침몰됐다.

쿵 으악!

대한민국 해군의 함포 사격에 명중된 것입니다.

와! 승리했다!

와 와

평상시에 훈련만 하고 실제 함포 사격을 한 번도 해보지 못했는데

그런 승조원들이 승리했다고?

이것은 완벽한 기적입니다.

와

와

괴선박은 600명의 북한 무장 게릴라 병력을 싣고

부산으로 침투하려던 북한 인민군 특수부대의 선박인 것으로 확인됐다.

타타타

탕

북한은 남침을 시작한 6월 25일에 부산에 상륙, 후방을 교란할 목적으로

부산

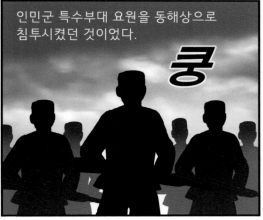

인민군 특수부대 요원을 동해상으로 침투시켰던 것이었다.

쿵

만세!

예상치 못했던 대승리다!

해군 본부

출항하기 전 승조원들은 물 한 잔으로 건배하며 승리를 다짐했다.

챙

필승!

죽을지도 모르니 시체만이라도 깨끗하게 전원이 새 군복으로 갈아입어라!

한 번도 실탄 사격을 못해 봤는데

내가 처음 쏜 총이 명중할 줄은 몰랐다.

탕탕 탕

만일 그때 괴선박을 발견하지 못하고 북한 특수부대원 600명이 부산에 상륙했다면?

낙동강 방어선이 구축되기 전에 부산은 쑥대밭이 되었을 것이다.

끔찍해!

부산

북한 특수부대의 후방 공격으로 인해 아군이 우왕좌왕했다면

하마터면 대한민국이 사라졌을지도 모를 일이었다.

생각만 해도 소름 끼친다.

대한민국 해군은 1945년 11월 11일 창설됐지만 전투함은 단 1척도 없었고 경비 전함 어업 지도선(목선)뿐이었다.

뚜우우웅

해군 참모총장 손원일 제독은 전투함을 구하기 위해 모금 활동을 전개했다. 해군 장교들 봉급에서 매월 5~10%를 떼어 기금적립을 했고, 장교 가족들은 삯바느질을 해가며 기금조성에 보탰다.

해군의 아버지 **손원일 제독**

모금한 총 6만 달러를 가지고 미국 해양대학교에서 퇴역한 초계정 <화이트헤드소위>호를 구매한 뒤

와

와

701

2달간 정비 후 1949년 12월 26일 뉴욕에서 명명식을 갖고 <백두산 함>이라는 이름을 붙였다.

멋지다!

귀국하는 길에 하와이 진주만에서 3인치 주포 3문을 장착하고 괌에서 3인치 포탄 100발을 구매했다.

한국

태평양

하와이

괌

1950년 4월 10일, <백두산 함>이 하와이를 거쳐 한국에 들어왔다.

역사적인 순간이다.

드디어 왔어.

대한민국 해군이 보유한 자랑스러운 첫 전투함 이었지만 내용은 초라했다.

....

그러나 이 <백두산 함>이 두 달여 만에 부산으로 침투하려던

적의 특수 게릴라 부대를 섬멸 할 줄은 누가 알았겠는가?

정말 기적 같은 일이다!

대한민국 해군 만세입니다!

미국은 소련을 의심했다.

6.25 한국 전쟁은 북한이 단독으로 일으킨 것이 아니다.

소련은 한국을 공격한 다음엔 일본, 그 다음엔 미국을 공격할 것이다. 가만 둘 수 없다.

1950년 6월 25일, 미국은 유엔(UN) <안전보장 이사회>를 소집하고 북한군의 불법 전쟁행위를 중지하라고 결의했다.

NO !

북한의 무력공격은 평화를 파괴하는 침략행위입니다.

북한은 즉시 전투행위를 중지하고 그 군대를 38선으로 철군시킬 것을 요청합니다.

동의합니다!

유엔 회원국들은 한국에 원조하십시오. 북한은 어떤 원조도 중지하십시오.

동의.

즉시 지원하겠습니다.

이렇게 구성된 16개국 유엔군들은 한국에 병력과 장비를 지원하였다.

벨기에

미국

룩셈부르크

캐나다

영국

프랑스

네덜란드

남아공화국   에디오피아

필리핀

태국

뉴질랜드

콜롬비아

터키

그리스

호주

1950년 6월 27일.

북한군을 남한에서 반드시 격퇴하십시오.

트루먼

알겠습니다. 반드시 승리하겠습니다.

북한군이 미아리고개를 넘어서면서 국군 방어선이 돌파되었다.

콰 콰 콰 콰 콰

비상입니다 ! 서울 최후의 방어선이 무너졌습니다.

매우 심각한 상황입니다!

북한군의 진격을 늦춰야겠다.

한강교를 폭파하라 !

채병덕 소장

넷! 알겠습니다.

1950년 6월 28일 새벽 2시 30분경, 국군은 한강인도교와 함께 3개의 철교를 폭파했다.

콰 콰 콰

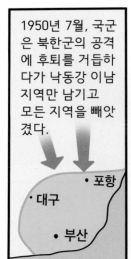

1950년 7월, 국군은 북한군의 공격에 후퇴를 거듭하다가 낙동강 이남 지역만 남기고 모든 지역을 빼앗겼다.

• 포항
• 대구
• 부산

총 공격 하라우! 9월 안에 전쟁을 끝내자!

더 이상 물러설 곳이 없는 최후의 상황이다! 돌격하라!

한국 정부는 부산을 임시 수도로 정하고 낙동강 일대에 최후 방어선을 구축했다

목숨 걸고 지켜야 한다!

더 이상 밀리면 안 돼.

1950년 8월 1일부터 9월 24일까지 국군과 유엔군이 낙동강 부근에서

북한군의 공격을 방어한 <낙동강 전투>가 벌어졌다.

1950년 7월 20일, 김일성은 수안보까지 내려와 명령했다.

8월 15일까지 반드시 부산을 점령해야 한다! 알겠지?

경상도는 거의 점령했다!

대구와 부산만 삼키면 된다! 공격!

낙동강 전선이 뚫리면 대한민국이 끝장난다!

목숨 걸고 사수하라!

전원 돌격하라!

와 와 와 와

탕

낙동강 전투로 북한군은 7만여 명의 병력을 잃었지만 공격은 9월에도 이어졌다.

쿵 쾅 쿵

포기할 수 없다! 동무들 다시 공격하라우!

탕

타타타타타타

국군은 북한군에 밀리다 낙동강 지역에 방어선을 구축했다.

다부동이 뚫리면 전쟁에서 승리하기 힘들 것이다!

목숨 걸고 이곳을

지켜야 한다.

다부동 전투는 6.25전쟁 당시 가장 치열했던 전투로 꼽힌다.

대한민국 국군이 대구로 진출하려던 북한군의 공세를 저지시킨 전투이다.

북한군은 낙동강 방어선을 뚫기 위해 백선엽 장군이 사단장이었던 국군 1사단을 공격했다.

국군들은 굶주림에 점점 지쳐갔고 공포에 질려 하나 둘 무단이탈을 했다.

이제 더 이상 못 버티겠습니다.

우리는 후퇴하겠습니다.

후다닥

그때 국군 1사단 백선엽 장군이 공포에 질린 병사들 앞에 나섰다.

나라가 망하기 직전이다.

미군들도 싸우고 있는데 우리가 후퇴 할 수는 없다.

쿵 쿵 쿵

……

내가 등을 돌리면 나를 쏴라. 내가 앞장 서겠으니

제군들이여 나를 따르라!

알겠습니다!

장군님과 함께 반드시 승리하겠습니다!

충성!

돌격! 백선엽 장군을 따르라!

탕 탕 탕 탕 탕

그렇게 힘을 낸 국군 제1사단은 다부동 전투에서 북한군 3개 사단을 격퇴하고 승리를 거두었다.

만세! 드디어 승리했다!

와아아

다부동 전투에서 북한군은 5,690여 명, 국군과 미군은 3,500여 명이 전사했다.

전쟁은 역전됐다! 이제 희망이 보인다.

국군과 유엔군이 낙동강 전선을 고수함으로써 인천상륙작전을 감행할 수 있었다.

와아아아 와아아아

자유민주주의를 지키기 위해 중, 고, 대학생들이 학도병으로 군대에 자원했다.

조국이 위기에 빠졌는데 보고 있을 수만은 없다.

저희도 싸우겠습니다!

학도병들은 전쟁 시작 3일 후부터 기꺼이 전쟁터로 나섰다.

조국이 없으면 우리도 없다. 나라를 지켜야 한다.

군번은 없지만 국가를 위해 목숨을 바치겠습니다.

와아아아아

처절한 전쟁 속에서 학도병 5만 여명이 공산군들과 싸웠고 수많은 학생들이 희생당했다.

물러설 수 없다!

공격하라!

타타타타

탕

악.

퍽!

1950년 8월 11일 새벽 3시경, 국토의 90%를 빼앗기고 부산 일대만 남은 상태에서

제3사단 후방 지휘소가 있는 포항여중에서 큰 싸움이 있었다.

북한군은 전략 요충지인 포항을 장악하기 위해 8월 초부터 공격을 강화했다.

그런 상황에서 이우근을 포함한 71명의 학도병들이 북한 정규군의 공격을 11시간 30분 동안 막아낸 것이다.

당시 포항에는 많은 군수물자와 비행장도 있었다.

심각하군.

포항이 뚫리면 경주, 울산까지 속수무책으로 당할 텐데.

부우우웅

북한군은 장갑차와 기관포, 자동소총으로 무장한 12사단, 5사단, 유격 766 부대 등 2만 5천여 명이 몰려왔다.

왜 왜

불과 2개 소대밖에 안 되는 학도병들은 후퇴도 거부한 채 목숨을 걸고 끝까지 싸웠다.

악 퍽

이 자리를 끝까지 지켜야 한다!

왜

물러설 수 없다!

돌격하라!

왜 왜

애국 애국

학도병들은 실탄이 떨어지자
북한군이 던진 수류탄을
주워서 다시 던지기도 했다.

슈우우우우

콰쾅

급기야 사단사령부에 지원을
요청했지만 통신은 되지 않았다.

아무 소리도
안 들려.

이제 육탄전뿐
이다. 절대 포기
할 수는 없어.

탕.

조국에 목숨을
바치자! 공격!

다 죽여!
돌격!

쿵

퍽

팍

악

학도병들이 싸우는 동안에 포항 시민
20여만 명이 피난을 했고 국군은
재정비를 할 수 있었다.

74

포항여중전투에서 학도병들은 교복 차림 그대로 48명이 전사했고
대부분 부상, 실종됐으니 사실상 전멸한 셈이었다.

으…

아.

그중에 학도병으로 참가한
이우근 학생은 죽기 전에
뜻깊은 글을 남겼다.
(17세, 서울 동성중 3학년)

어머니!
나는 사람을
죽였습니다.

같은 피를 나눈 동족이라고 생각하니
가슴이 답답하고 무겁습니다.
적군은 너무나 많습니다.

우리는 겨우
71명입니다.

군번도 없었던 그는 못다 쓴 편지를 가슴에 안은 채 전사했다.

1950년 6월 29일, 도쿄에 있던 맥아더 장군은 북한군과 치열한 전투가 벌어지던 서울 영등포의 한강 방어선을 시찰한다.

진지에서 당시 스무 살이던 한 병사와 맥아더 장군이 만났다.

병사! 다른 부대는 다 후퇴하는데 자네는 왜 방어선에서 물러서지 않는가?

쿵

상관의 명령 없인 절대 후퇴하지 않는 게 군인입니다.

쿵

쿵 쿵

철수 명령이 떨어지기 전까지 죽어도 여기서 죽고, 살아도 여기서 살 것입니다.

!

대단한 민족이구나. 내가 이 나라의 자유를 찾아주어야겠다.

소년 병사에게 훌륭한 군인이라 전해주시오.

그리고 약속합니다. 일본으로 돌아가는 즉시 지원군을 보내주겠습니다.

한국은 부산 근교만 남기고 대부분 북한군에게 빼앗겼다.

전방과 후방을 단절시켜 보급로를 끊기 위해서는 인천을 공격해야겠다.

인천

굿!

인천은 섬이 많아서 쉽지 않을 겁니다. 적의 기뢰도 많고 갯벌도 걱정입니다.

현재 상황을 뒤집을 카드는 기습적인 상륙 작전뿐이다.

국군은 인천 상륙작전 실시에 맞추어
북한군을 교란하기 위해 인천과 정반대
방향인 경북 영덕군 장사리 일대에
상륙작전을 시도했다.

돌격하라!

그러나 유격대와 전투 경험이
없는 772명의 학도병들을 태운
LST 문산 호는

악천후 속에서 좌초하고 만다.

아악!

발사!

깡그리
죽이라우!

그때 북한군의 대대적인 공격을 받고
평균 나이 17세, 훈련 기간 단 2주에
불과했던 많은 학도병들이 희생되었다.

‥‥‥

하지만 장사리 상륙작전은 악전 고투 끝에 성공하여 북한군의 주요 보급로인 7번 국도를 차단했다.

휘이이

절대 포기 할 수 없다.

끝까지 지켜야 돼.

7일 넘게 방어한 장사리 상륙작전은 인천 상륙작전의 성공과 북한군 전력 약화에 큰 힘이 됐다.

쿵

정말 중요 하고

의미 있는 전투였다.

잊지 않겠다.

인천 상륙 작전이 성공한 뒤, 장사리 아군 구조작전이 진행되어 철수 했지만 전사 139명, 포로 39명의 막대한 피해는 막을 수 없었다.

맥아더 장군은 성공률 1/5,000이라는 인천상륙작전을 시도한다.

9월 15일이 디데이다.

맥아더의 작전대로 켈로 부대가 먼저 착륙했다. 인천 앞바다 팔미도에 등대가 점화되면서 공격 사인이 내려졌다.

콰앙

타타타타

콰앙

맥아더 장군의 진두 지휘아래 1개 군단 병력이 투입된 인천상륙작전은 대 성공으로 끝났다.

졌다.

전쟁 발발 3개월 만인 9월 27일, 연합군은 서울을 탈환했고 9월 말까지 북한군을 모두 물리쳤다.

서울을 다시 찾았다!

UN 군이 진격하여 38°선에 접근하게 되자 긴급 명령이 떨어졌다.

북한으로의 진격을 승인 합니다.

10월 7일, UN 총회에서 북한 진격을 허용하는 결의안이 통과되자 한국군 과 맥아더장군, 유엔군이 북진을 시작했다.

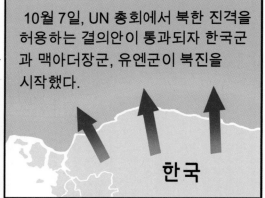

한국

전 병력을 투입해 압록강과 두만강까지 진격하라!

그러나 이러한 계획은 중국군의 참전 으로 빗나가고 말았다.

국군과 UN군이 압록강까지 진격하자 중국은 북한의 요청을 받아들여 3차에 걸쳐 100여만 명의 군대를 파병했다.

쿵

콰콩

콰쾅

돌격!

앞으로 진격하라!

타타타타타

탕!

저게 뭐야? 개미 떼처럼 몰려드는구나.

중국군의 개입과 동시에 북한군은 38선을 남하해 공격했다. 1951년 1월 4일, 서울이 다시 북한군에게 점령되었다.

한국 정부와 국군, 피난민들과 UN군은 남쪽으로 철수하였다.

1.4후퇴

미군 1 해병사단이 북한의 임시 수도인 강계를 점령하려다

오히려 장진호 근처의 산속에 매복한 중공군에 포위되었다. (7개 사단 병력, 12만 명 규모)

콩

탕 탕

탕

탕

타타타타타

미 연합군 3만 명, 중공군 15만 명이 대치한 장진호 전투는 전사자보다 동사자가 더 많은 끔찍한 전투였다.

영하 40도의 추위.

얼어 죽겠다.

덜덜덜

칠흑 같은 어둠 속에서 치열한 육탄전이 계속 됐다.

죽여라! 돌격.

이 전투로 미군은 2,500여 명, 중공군 은 25,000여 명이 전사했다.

그러나 아군은 전멸 위기를 겪었다가 후퇴에 성공했다.

아군의 철수는 1950년 11월 27일 부터 2주간 계속되었다.

휘이이이이

이 후퇴작전을 통해 미군은 중공군의 남하를 지연시켰다.

한국군과 유엔군, 피란민 등 20만 명이 이 후퇴작전으로 남쪽으로 철수할 수 있었다.

휘이이이이이

우리는 후퇴하는 것이 아니라 다른 방향으로 공격 하는 것이다.

스미스 장군

만약 미군이 장진호 에서 몰살당했다면?

그렇 다면?

한반도는 다시 공산군에 점령 되었을 수도 있었다.

그래서 장진호 전투가 대단한 것입니다.

장진호 전투 이후 중공군에 의해 전세가 불리해지자 UN군 사령부는 흥남에서 부산으로 철수를 지시했다.

흥남

부산

이것이 1.4 후퇴의 시작입니다.

1.4 후퇴

함경도 지역의 병력과 피난민이

남쪽으로 내려갈 육로가 끊겼다.

배로 철수해야 한다.

흥남부두 철수작전은 193척의 군함으로 군인 10만 명, 민간인 10만 명을 남쪽으로 탈출시킨 사건이다.

배고파 엄마.

배에 있는 무기를 다 버리고 피난민을 태우세요.

굳세어라 금순아.

승선자:
14,005명.

엄청나게
많이 탔구나.

무려 정원의
230배가 탔어.

메러디스 빅토리호의 라루
선장은 최대한 많은
피난민을 태웠다.

흥남부두는 마지막 선박이
철수 한 뒤 공산군이 사용
하지 못하도록 폭파했다.

피난민들이 도착한 부산에는
이미 백만 명의 피난민들이
살고 있어서

꼬르륵.

메러디스 빅토리호는 행선지를
거제도로 변경했다.

자유를
향해.

가자!

추위와 굶주림 속에서도 빅토리호 승선자들은 3일간 항해를 계속했다.

좌아아아아

운항 중에는 놀랍게도 배 안에서 5명의 아기가 태어났다.

김치1 김치3 김치2

1950년 12월 25일 크리스마스. 승선자 14,005명은 단 한 명의 희생자도 없이 거제도 장승포항에 도착했다.

그것은 크리스마스의 기적이었다.

와

와

와

드디어 살았다.

감사합니다.

MEREDITH VICTORY

메러디스 빅토리호는 기적의 배로 세계 기네스북에 등재되었다.

최고!

TH VICTORY

GUINNESS WORLD RECORDS

한 척의 배로 가장 많은 생명을 구출한 세계최고기록.

1953년 7월 27일 판문점, 북한과 중국, 그리고 연합군을 대표하여 미국이 정전협정을 체결하였다.

1951년 7월부터 2년 동안 휴전협정이 진행됐지만 대한민국은 제외됐다.

협정의 체결 주체가 아니었다.

미국 북한 중국

대한민국

6·25 전쟁은 휴전 상태로 들어가고

접근금지

통일을 원하는 국민들이 반대 시위를 했지만 분단은 굳어졌다.

와

분단절대반대
반대

남북 분단 절대 반대!

휴전 협정 반대!

통일 아니면 죽음

아! 슬프다.

와

절대 반대

반대

다행인건 유엔군들과 국군이 흘린 피의 대가로

대한민국은 자유민주주의 국가가 됐다.

하마터면 우리도 공산국가에서 자유도 없이 고통당하며 살았을 거야.

끔찍해.

3년 1개월 2일간 계속된 6.25 전쟁으로 인한 인명피해는 약 450만 명에 달한다.

동족상잔

남한 인명피해:
민간인 약 250만 명

군인 전사자:
한국군 13만 7,899명
미군: 5만 4,246명
UN 군: 37,623명

이 땅에는 아직도 남북으로 흩어져 만나지 못하는 이산가족이 존재한다.
기억하라! 남침으로 시작된 끔찍한 6.25전쟁은 지금 휴전 중이다.

전쟁은 아직 끝나지 않았다.

'영화 포화 속으로' 원작

"학도병아 잘 싸웠다."
Student Soldiers Fought the good Fight!

6월, 그들을 기억하라!

71명 학도병의 감동실화

포화 속으로

차승원 권상우 최승현(TOP) 김승우 감독 이재한

◀김만규 목사의 저서 '학도병아 잘 싸웠다!'를 바탕으로 만든 감동실화 영화 '포화 속으로' 포스터(2010년 6월 10일 개봉)
▼김만규 목사(생존하는 학도병)의 저서

Student Soldiers Fought the Good Fight!

학도병아
잘 싸웠다!
김만규 지음

6.25 학도병 실전기
영화 「포화 속으로」의 원작

영화 「포화 속으로」의 원작

6.25 학도병들의 실전기를 다룬 드라마 같은 실화

"학도병들은
이 전쟁이 잊혀지는 것을
원하지 않는다"
학도의용군 6.25참전 기념사업회

"학도병아 잘 싸웠다, 승리의 길로
역적의 공산당을 때려 부셔라
밀려오는 괴뢰군을 때려 죽여라
대한민국 만세를 부르며 가자."

이 노래는 72년 전 6.25일 새벽 4시(주일)를 기해 북괴 김일성의 전투명령 제1호 발령(암호명 폭풍) 아래 일제히 38도선을 넘어, 무방비 상태였던 이 땅을 침략(남침)할 때, 민족과 강토를 지키기 위해 반공 구국전선으로 달려 나가던 학도(소년병)병들이 목이 터져라 외쳐 부르던 한 맺힌 피의 노래, 애국의 함성이요, 처절한 절규였다. 전쟁 발발 4일 차 되던 6월 28일(수요일) 북한군은 이른 아침 서울 시내에 진입했다. 당시 국군은 모든 것이 인민군에 비해 열세하였고, 계속해서 남쪽으로 후퇴하는 상황에서, 곳곳에서 어린 학도병들이 자진해서 모여들어 피의 전투에 가세하게 된다.

이날은 242대의 소련제 전차(T-34) 탱크 226문, 장갑차 54대와 176문의 소련제 자주포, 172문의 곡사포 대전차포 550문, 박격포 2,029문, 211대의 항공기대(170대의 전투기 포함)와 30대의 함정(수송, 고속정)을 앞세워 한반도를 가로지르는 38도선을 선전포고 없이 북한군 제1, 2, 3, 4, 5, 12사단과 제105 전차여단 등이 11개 지점에서 일제히 침략했다.

동족상잔의 최대 비극인 6·25전쟁(동란) 3년 1개월 2일의 긴 전장 속에는, 결코, 빼놓을 수 없는 숭고하고, 고귀한 피 흘림의 전투들이 곳곳에서 치열하게 있었다. 북한 공산당의 만행을 저지하고 막아내기 위해 15세에서 22세까지, 중학생으로부터 대학생까지로 구성된 군번 없는 학도의용군들의 수많은 전사戰士들이다.

희미하게 남겨진 그들의 전사戰士기록들과, 자료사진들, 실제 증언들을 토대로 하여 피의 역사로 얼룩진 과거 상흔의 흔적들을 고스란히 되돌려 재조명해봄으로써 진정, 국가와 민족을 위한 애국, 애족 정신이 무엇인가를 상기시켜 볼 필요성이 절실하게 느껴지는 해이다.

그날의 학도병 정말 잘 싸웠다!

72년 전 8월 11일 포항여중에서 치열하고 처절했던 피의 전투는 '확실하게 잘 싸웠고, 나라를 잘 지켰으며, 잘했다' 백번, 천 번, 만 번이라도 칭찬들어 마땅하며, 청사에 길이길이 빛날 피와 땀과 눈물의 전투였다. 사실 우리는 오랜 세월동안 1950년 8월 11일 학도병들이 나라와 민족을 위해 장렬히 산화한 포항여중에서 피로 얼룩진 결사항쟁의 전투를 잊었고, 또한, 평가마저도 저조했으며 그나마 바르게 전하지도 못했다.

1950년 6월 25일 북한 김일성(본명 김성주)의 침략(남침)전쟁으로 국가존망國家存亡이 풍전등화風前燈火의 기로에서 촌각寸刻을 다투고 있을 때, 국군은 대한민국의 운명이 달린, 마지막 보루인 낙동강 전선을 방어하랴 한 치의 숨돌릴 겨를도 없이 온 화력과 병력을 낙동강 전선에 투입시키며 북괴군의 공세를 막아내기에만 급급했다.

그날의 학도병 정말 잘 싸웠다! 72년 전 8월 11일 포항여중에서 치열하고 처절했던 피의 전투는 '확실하게 잘 싸웠고, 나라를 잘 지켰으며, 잘했다' 백번, 천 번, 만 번이라도 칭찬들어 마땅하며, 청사에 길이길이 빛날 피와 땀과 눈물의 전투였다.

이때 북괴군은 낙동강 전선을 무너뜨리고 부산으로 진격 하기위해 8월, 거의 무방비 상태였던 포항으로 남진 중이었다. 파죽지세破竹之勢로 진격하던 북괴군은 포항으로 내려가는 길목이요 요충지인 형산강을 넘지 못한 채 발목이 붙잡히고 말았다. 포항여중에서 북괴군을 기다리며 한창 전투 준비 중에 있던 예상치도 못했던 71명의 학도병들에 의해 진격로가 가로막혀 피아간彼我間에 11시간 반 동안 4차례의 치열한 전투가 벌어졌다.

학도들은 자진해서 모여들었고 한마음으로 뭉쳤다. 군인도 아닌 학도들로서 단지, 호국일념 하나에 공산당과 싸워 자유민주의 대한민국을 지키겠다는 의분에 불타는 투철한 반공정신으로 무장, 최전선으로 달려나가 학도 의용병의 일원으로 생사를 넘나드는 전투에 투입됐다.

북한군의 주력부대가 들이 닥치자 국군 3사단 사령부는 당시 국군과 학도병 사이에 연락병 역할을 하던 김만규 (15세)에게 사단사령부를 사수하라는 작전명령 한마디와 71명의 학도병을 포항여중에 남겨둔 채 낙동강 전선을 방어하기 위해 후퇴해 버린 상태였다. 연락병이었던 김만규는 이 작전명령을 학도병들에게 알렸고, 북괴군과의 전투를 준비하고 있었다.

이들은 끊임없이 밀려오는 적의 대부대와 육박전은 물론, 혈전의 용맹으로 피눈물 나는 사투 끝에 청사에 빛나는 전과를 올렸다. 그때 만약 포항이 적의 손에 더 일찍 떨어졌다면 부산이 적의 수중에 들어가는 것은 시간문제였다.

이들은, 1950년 8월 11일 북한 괴뢰군 5사단, 12사단, 766 유격부대 등 대부대가 밀고 내려올 때 포항여중을 교두보橋頭堡삼아 배수진背水陣을 치고 북한군과 치열하게 대치하며 교전한 피의 주역들이었다. 제대로 화기를 갖춘 군인도 아닌 어린 학생(영화 포화 속으로의 원작 '학도병아 잘 싸웠다'의 저자 김만규 목사 당시15세 현89세)들이었다. 제대로 된 훈련 한번 받지 못했다. 전투경험도 전혀 없었고, 총도 한 번 쏴보지 못한 국군3사단 소속 71명의 어린 학생(소년)들로 구성된 학도 의용군들이었다.

북한군의 주력부대가 들이닥치자 국군 3사단 사령부는 당시 국군과 학도병 사이에 연락병 역할을 하던 김만규(15세)에게 사단사령부를 사수하라는 작전명령 한마디와 71명의 학도병을 포항여중에 남겨둔 채 낙동강 전선을 방어하기 위해 후퇴해 버린 상태였다. 연락병이었던 김만규는 이 작전명령을 학도병들에게 알렸고, 북괴군과의 전투 준비를 하고 있었다.

따발총 소리와 함께 새벽 3시부터 시작된 전투는 오후 2시 30분까지 장장 11시간 30분 동안 북괴군과의 결사항전을 벌이며 오직 나라를 지키겠다는 애국신념과 용기로 죽음을 불사한 4차례에 걸친 피의 전투를 용맹하게 수행하였다. 자기 키만 한 무거운 M1 소총 하나만 손에 쥐고 71명의 학도병들이 버텨준

시간은 장장 11시간 30분이었다. 자신들의 목숨과 바꿔가며 지킨 11시간 30분은 아군이 전의를 다지고 다시 반격을 준비할 수 있는 더할 나위 없는 금쪽같은 소중한 시간이었다.

만약, 학도병들이 견디지 못하고 포항여중 전투에서 처참하게 무너졌다면, 미8군이 한창 공격 준비를 하고 있을 때 북괴군이 노도怒濤처럼 포항으로 들이닥쳤을 것이다. 포항 부두에 산더미 같이 쌓아놓은 아군의 군수물자는 북괴군에 의해 약탈당했을 것이며, 아니면 국군의 손에 의해 모든 물자가 북괴군의 손에 넘어가기 전에 먼저 폭파당했을 것이다. 군수

물자도 그렇거니와 수많은 포항 시민들의 엄청난 인명 피해와 영일만 아군 비행장의 위협도 배나 가중되었을 것이다.

학도병들은 끝도 없이 밀려오는 북괴군 앞에서 총알이 떨어지자, 어쩔 수 없이 빈총을 집어 들고 최후의 돌격인 육박전(백병전)으로 싸울 수밖에 없었다. 결국 중과부적으로 학도병들은 죽거나 포로가 되었다. 한창 꽃다운 나이의, 청순하고 아름다운 젊은이들이 8월의 태양 아래 검붉은 피를 토하며 "대한민국 만세! 학도병 만세!"를 목이 터져라 외치며 하나, 둘 쓰러져갔다. 시체들은 피와 흙먼지로

총성이 멎었다. 아비규환, 고통의 울부짖음, 오열들은 생지옥을 방불케 했다. 포항여중은 완전히 불타 버렸고 학도병들은 형체조차도 알아보기 힘들 정도였다. 학도병들의 목이 떨어져 나가고, 팔이 떨어지고, 다리가 끊어져 나갔다.

물들어 피아간에 식별이 안 될 정도였다. 그야말로 사력을 다해 적을 물어뜯는 혈투였다. 적의 시체 위에 학도병의 시체가 덮이고 학도병의 시체 위에 북한군의 시체가 쓰러졌다.

총성이 멎었다. 아비규환, 고통의 울부짖음, 오열들은 생지옥을 방불케 했다. 포항여중은 완전히 불타 버렸고 학도병들은 형체조차도 알아보기 힘들 정도였다. 학도병들의 목이 떨어져 나가고, 팔이 떨어지고, 다리가 끊어져 나갔다. 상체는 상체대로, 하체는 하체대로 포항여중 앞 벌판 여기, 저기에 나뒹굴었다. 차마 눈 뜨고 볼 수 없는 참혹한, 지옥에서나 볼 수 있는 광경 그 자체였다. 처참하고 참혹함만이 가득 쌓여있었다.

전장 곳곳에서의 수많은 학도병들의 결사 항쟁의 피의 전투가 없었다면? 당시 국군은 화기, 수적, 모든 것이 북괴군에 비해 상대가 안 될 정도로 열세했지만, 이 부족한 자리들을 학도병들이 도처에서 자진보충, 전투에 가세하여 정말 용감무쌍하게 잘 싸워줬다.

이날 학도병 48명 전사, 행불 처리 학도병 10명, 13명은 적의 포로가 되었고 그중 6명이 중상, 반면에 북한 괴뢰군은 학도병에 의해 350명이 사살되었으니 부상자 수도 만만치 않았을 것이다. 6.25 한국전쟁 전선에서 북괴군의 남진을 무려 2시간이나 지연시켰다. 분, 초를 다투는 전장에서의 2시간 지연은 작전 승, 패의 엄청난 결과를 초래하게 된다. 전장에서의 5~10분이면 사단 병력(10,000명)이 다시 재구성(편성)돼서 전선에 재배치될 수 있는 천금보다 더 귀한 시간이다.

학도병아 정말 잘 싸웠다!

이런 금쪽같은 시간을 71명의 학도병들이 사선을 넘나드는 피의 대가를 치러가며 지연시킨 것이다. 당시 북괴군은 1950년 7월 말 낙동강 전선을 제외한 남한의 90%를 점령한 상태였다. 동족상잔의 비극인 6·25 한국전쟁에 휘말려 수많은 지역에서 치러졌던 학도병들의 전투 중에서도 포항여중 교정 앞, 울타리를 방책 삼아 벌어졌던 전투는 그 절정을 이룬 고귀한 피의 꽃이라 할 것이다. 학도병들의 의義로운 정신은 생사生死를 초월했고 생사를 두려워하지 않은 그들이야말로 천하무적天下無敵 강군强軍이었다.

인민군 5사단, 12사단 766 유격대 등 약 25,000명이 71명의 학도병들에게 그야말로 개떼처럼 달려들었다. 일부만 남겨두고 계속 남진해도 되는데, 학도병들이 얼마나 잘 싸워줬으면 국군의 대병력이 포진하고 있는 줄로 알고 착각하였던 것이다. 인민군이 처음에는 종대로 밀려오더니 학도병들이 안 무너지니까 나중에는 횡대로 펼쳐진 전투대형을 갖춰서 몰려왔다.

포항여중 앞 벌판에서 치러진 71명의 학도병들의 결사 항전 피의 전투가 없었다면 북괴군은 부산까지 빠른 속도로 남진해갔을 것이다.

저자(김만규 목사 71명의 학도병 중 현, 마지막 생존자)는 이 책에서 '우리(학도병)는 이렇게 목숨을 내놓고 잘 싸워서 나라를 지켰노라고' 말하고 있다. 당시 15세의 어린 김만규 학도병은 북괴군과의 치열한 교전 중 파편을 맞아 오른쪽 시력을 거의 잃었고 오른손가락 세 개가 떨어져 나갔다. 지금도 그때의 상흔이 고스란히 남아있다.

이로 인해 8.15전까지 부산을 함락시키라는 북괴 김일성의 지상명령이 실패로 돌아갔으며, 중부전선 및 서부 전선에 배치된 인민군이 동부전선 포항으로 밀려들어오게 되므로, 그 유명한 맥아더 원수의 5,000:1의 성공확률인 인천 상륙작전이 절대적인 성과를 낼 수가 있었다. '공산화 통일'이라는 망상에 빠진 김일성은 당시 공산진영의 맹주였던 소련의 사주를 받고 오천 년 역사상 가장 큰 민족상잔의 비극을 저질렀다.

저자(김만규 목사 71명의 학도병 중 현, 마지막 생존자)는 이 책에서 '우리(학도병)는 이렇게 목숨을 내놓고 잘 싸워서 나라를 지켰노라고' 말하고 있다. 당시 15세의 어린 김만규 학도병은 북괴군과의 치열한 교전 중 파편을 맞아 오른쪽 시력을 거의 잃었고 오른손가락 세 개가 떨어져 나갔다. 지금도 그때의 상흔이 고스란히 남아있다. 치열한 전투가 끝난 후 포로가 되어 포로수용소에서 10일간 죽을 고생을 하다가 총살집행을 당하게 되었다. 북괴군은 포로들의 총살집행을 위해 다른 포로들과 함께 한 줄에 5명씩 묶었다. 인민군이 방금 파놓은 총살 집행 현장인 미현동 골짜기 구덩이 앞에서 북괴군의 총살 집행을 바로 앞두고 대구 봉산교회 주일학교를 다녔던 김만규는 울면서 간절히 기도했다. "하나님, 제발 한 번만 살려 주이소!" 짧은 시간에 수십 번을 되뇌었다.

총살집행 명령이 떨어졌다. 거총! 하나, 둘... 하는 그때, 갑자기 유엔군 제트기 편대(전투기)가 날아와 폭탄을 퍼붓고 총살집행 현장인 미현동 골짜기에 기총사격을 가하기 시작했다. 인민군들의 '항공'하는 외치는 소리와 동시에 파 놓은 구덩이에 같이 뛰어 들어가 숨어 있었다. 북괴군은 잠시 포로들

기억하자   학도병들의 피!

의 총살집행을 포기해야만 했지만, 이날 다시 두 번째 총살이 집행될 즈음에는 엄청난 폭우가 쏟아졌다. 폭우로 인해 또다시 총살 집행이 중지되었고 김만규 학도병은 그날 밤 칠흑 같은 어둠을 뚫고 다른 학도병과 함께 탈출했다. 김만규 목사는 그때 인민군 군관이 했던 말이 아직 귀에 생생하다고 한다. "동무들! 동무들은 말이지비, 게딱지처럼 땅에 딱 달라붙어 서리~ 우리를 괴롭힌 아주 악질 반동들 임메"

지금도 우리 자유대한민국을 적화(공산화)통일시키려는 주적이 바로, 북한 공산주의자 들이다. 그들은 승냥이처럼 호시탐탐 우리의 빈틈을 노리고 있다. 남침 야욕을 포기하지 않고 휴전이라는 기간을 최대한 악용하여 수많은 국지적 도발을 자행하고 있음을 기억해야 한다.

영화(포화 속으로, 장사리/잊혀 진 영웅들)등 여러 기록은 6·25전쟁을 통해 수 없이 산화한 학도병들의 부분적인 기록이겠지만, 6·25전쟁과 같은 동족상잔의 비극이 다시는 발발하지 않도록 경각심을 고취시키고 있다는 점에서 이들의 희생은 너무나 숭고하며 귀하지 않을 수가 없다.

조국이 풍전등화風前燈火와 같은 경각에 놓였을 때. 조국과 민족을 지키고자 과감히 전장에 뛰어들어 죽음을 불사하고 공산군과 싸우다 장렬히 산화한 어린 학도의용군들의 반공정신과 우국충정, 애국심을 다시 고취시키며 그들의 호국정신을 후손만대 기려야 할 것이다.

작금의 우리 대한민국은 마치, 6·25 전쟁 바로 전의 해방정국을 보고 있는 것 같다. 좌·우 이념(사상) 갈등으로 같은 민족끼리 으르렁거리며 첨예하게 대립하고 있고, 남한을 공산화(적화통일)하려는데 동조하는 공산 세력들이 도처에 위장한 체 하나, 둘 그 세력을 확장해나가고 있다. 이들은 지금 남한에 그들의 정부를 수립하기 위해 조직적으로 치밀하게 움직이고 있다. 그런데 우리 국민들은 너무나 태평하기만 하다. 설마… 지금이 어느 때인데… 우리는 그 '설마'가 사람 잡는다는 말을 결코, 섣부르게 생각하면 안 된다. 큰코다칠 수가 있다.

이런 위험천만하고 중차대한 시국에, 북한의 남침 야욕을 분쇄하고 자유민주주의 대한민국을 수호하는 데 절실하게 요구되는 것이 있다. 케케묵은 6~70년대적인 발상이요, 원색적인 구호 같다고 하겠지만 이런 때일수록 6~70년대의 '반공', '방첩', '때려잡자 공산당!!!', '멸공'과 같은 구호(교훈)를 다시금 마음에 새길 때이다. 그 무엇보다도 정신들 바짝 차리고 국가안보를 바로 세우는데 온 국민이 나서서 총력을 기울여

조국이 풍전등화風前燈火와 같은 경각에 놓였을 때. 조국과 민족을 지키고자 과감히 전장에 뛰어들어 죽음을 불사하고 공산군과 싸우다 장렬히 산화한 어린 학도의용군들의 반공정신과 우국충정, 애국심을 다시 고취시키며 그들의 호국정신을 후손만대 기려야 할 것이다.

야 한다.

우리는 72년 전 그날의 그 앳된 젊은 학도병들이 흘린 고귀한 피의 터전 위에서 자유민주주의를 마음껏 누리며, 분에 넘치는 평화와 풍요 속에 우리와 우리의 후손들이 행복하게 살아가고 있다는 점을 한시라도 잊어서는 안 된다. 비록 세대와 문화, 모든 것이 그때와는 확연하게 다르다고 해도 우리에게 산 교훈으로 남아있는 동족상잔의 비극인 6·25 전쟁의 참상은 아무리 강조해도 지나치지 않다.

일제강점기와 해방정국, 6·25 동란 등 민족의 격동, 수난기를 고스란히 겪은 생존자들의 수는 서서히 줄어들고 있다. 시대가 변하고 세대가 바뀔수록 점점 희석돼가는 6·25 전쟁의 참상. 우리가 불행하고 아픈 역사를 반드시 기억해야 하는 이유는, 기억하지 않는 역사는 불행하게도 반복될 수 있기 때문이다.

우리가 지금 누리고 있는 이 풍요로운 호사와 자유는 결코 거저 얻어진 것이 아니다. -freedom is not free-그때 그 전장의 한복판에서 자유를 수호하기 위해 쏟아지는 포탄과 빗발치던 총탄 속에서 피범벅이 되어 이리, 저리 나뒹굴던 어린 학도병들의 피의 절규요 그 대가임을 잊지 말고 기억해야 한다.

너무나 아쉬운 점은 이들 학도병들이 목숨을 초개와 같이 여기며, 이 나라와 이 민족을 지켰음에도 불구하고 그들의 업적을 기리는 훈장 수여도 없었고 제대로된 예우도 하지 않았다는 것이다. 그들의 나라를 위한 희생은 잊혀진 과거 속에 묻혀 있을 뿐이다.

역사를 잊은 민족에게는 미래가 없다. 자유민주주의 대한민국 만세!!! 모든 학도병 만세!!!

義勇千秋 의용천추
"의로운 용기는 천년만년 간다."

義勇千秋

學徒兵实戰記出版記念
一九七四年七月 日
大統領 朴正熙

1974년 7월 12일,
학도병을 기린 박정희 대통령의 휘호.

"학도병아 잘 싸웠다" 저자 김만규 목사

포항여중전투 학도의용군 명비

포항여중에 세워진 학도의용군 명비

1950년 9월 14~15일
장사상륙작전 長沙上陸作戰

陸本作命 174호
장사동 상륙작전 長沙洞上陸作戰 (다른 표기 언어)

▲ 2019년 9월 25일 개봉한 장사리:잊혀진 영웅들 포스터

장사상륙작전은 1950년 9월 14일~15일에
경상북도 영덕군 남정면 장사리에서 벌어진
인천상륙작전을 지원하는 '양동작전(陽動作戰)' 목적으로
계획되었던 작전이었다.

아울러, 북괴군 방어병력의 분산 및 보급로 차단이 목적이기도 하였다. 이 작전에는 학도병, 주로 고등학생으로 구성된 772명이 문산호해운공사 소속 LST, 용선, 문산호에 승선하였으며, 경북 영덕 장사리 해안에 상륙하여, 남침하고 있는 북괴군이 남하하는 국도 해안 7번 해안에 상륙하여, 북괴군의 보급로를 차단하고자 하는 작전이기도 하였다.

인천상륙작전은 성공률 5000:1이라는 위험(도박)을 무릅쓰고 최악의 조건에서 전세를 역전 시켜 패망 직전의 대한민국을 구한 작전이다. 전술적인 면에서도 인천상륙작전은 뛰어났다. 서울에서 서쪽으로 32km 지점에 위치하고 있는 최단 거리 항구이고, 수도 서울을 탈환함으로써 적에게 전술적으로나 심리적으로도 치명적인 타격을 가 할 수 있는 한편, 남한 깊숙이 투입된 북한군의 보급선을 차단하고 동시에 낙동강 전선에서 총반격을 실시함으로 북한군 주력을 압축시켜 섬멸하고 소수의 희생으로 많은 성과를 획득한 작전이었다.

인민군은 38선에서 낙동강 방어선까지 진격하는 데 81일이 걸렸지만, 인천상륙 이후 국군이 38선까지 다시 돌아오는 데는 불과 15일밖에 걸리지 않았으니, 적의 배후를 기습한 이 작전의 성과는 이루 말할 수 없이 컸다.

인천상륙작전은 수도 서울을 탈환하는 발판이 되었을 뿐 아니라 낙동강 전선의 북한군 주력 부대를 포위, 붕괴시키는 데 결정적인 역할을 했다. 더구나 인천상륙작전 성공 이후 유엔군과 국군은 상대적으로 적은 인명피해로 전세를 일거에 역전시키는 데 성공했다.

인천상륙작전이 성공할 수 있도록 초석이 된 **장사상륙작전**長沙上陸作戰, 이 작전은 맥아더 사령관이 직접 진두지휘 하고 있는 인천상륙작전의 양동작전陽動作戰으로 실시된 작전이었다. 양동작전으로서는 성공하였으나, 훈련받지 못하고, 제대로 된 군장도 갖추지 못한 학도병學徒兵들의 일주일간의 악전 분투한 역사적 거사였다.

인천상륙작전을 성공시키기 위해 수많은 희생을 내며 장사 해변에 상륙, 죽기를 각오하고 싸운 그들의 애국정신을 기리 빛내 주어야 할 것이다. 139명이 전사하고 92명이 부상을 입었으며, 사망한 학도병을 제외하면 모두가 행방불명의 상태였다. 상륙작전에 동원되었던 LST 문산호는 1991년 3월쯤 난파선으로 발견되었다.

소련군의 화력 지원을 받은 북한군은 38도선을 넘어 침략(남침)전쟁을 감행했다. 그리고 근, 한 달 만에 낙동강 전선까지 밀고 내려갔다. 낙동강 전선까지 밀린 대한민국은 절체절명의 위기에 빠지게 되었다. 이에 연합군 사령관 맥아더는 인천상륙작전을 감행시키고 작전 비밀유지를 위해 원산, 주문진, 군산, 영덕, 장사리 네 곳의 지역에 교란작전을 지시했다.

최후의 보루인 낙동강 전선으로부터 정규군을 뺄 수 없는 절박한 상황에서 인천상륙작전 하루 전날 1950년 9월 13일 23시 772명의 어린 학도병을 태운 문산호가 장사리 해변으로 출항했다. 문산호는 9월 14일 새벽에 상륙지점까지 도착했으나 당시 상황은 태풍 케지아가 접근하는 여파로 파고가 3~4m로 매우 심해서 풍랑이 거칠어 기상 악화로 배는 좌초되고 인민군의 집중 사격을 받게 된다.

이런 악조건 속에서도 학도병들은 장사리 해변에 성공적으로 상륙하여 인민군과 전투를 벌이고 며칠간 인민군의 보급로를 차단하며 적의 주의를 분산시키는 성과를 거두었다. 하지만 문산호가 좌초되는 바람에 철수하지 못하는 사태가 발생했다. 9월 16일 후방을 차단당한 인민군 제5사단의 정예 부대인 2개 연대 규모의 부대가 T-34 전차 4대를 앞세우고 북상하여 학도병들과 치열한 전투가 벌어졌다.

학도병들은 9월 19일까지의 치열한 전투 끝에 간신히 상륙지점인 장사리 해변으로 되돌아와서 LST 조치원호를 타고 귀환 할 수 있었다. 하지만 이 과정에서 막대한 희생을 치렀으며, 40여 명 정도는 인민군의 집중 사격 등으로 인해 승선 기회를 놓치고 적의 포로가 되는 큰 손실을 가져왔다.

인천상륙작전이 실패하면 미국은 한국을 포기하려 했다. 인천상륙작전이 있던 날 '펜 대신 총을 달라'는 호국 일념 하나로 한국의 작은 학도병(평균나이 17세)부대가 반대편 해안에서 위장 작전을 수행했고 결국, 북한군의 병력을 교란시키는데 성공했다. 군번 조차 없는 학도병으로만 구성된 결사 항쟁의 목숨을 건 용감무쌍한 게릴라 부대였다.

김일성은 장사상륙작전과 양동작전으로 전개한 인천상륙작전이 성공하자 인천상륙 8일 만인 9월 23일 토요일(6·25전쟁 발발 91차)에 인민군(북한군) 총후퇴 명령을 하달하게 된다.

문산호 선원들은 6·25 한국전쟁에 '동원된 인력'이라는 이유로 서훈이 누락되었었다. 이에 해군은 작전에 참가한 생존자 증언을 청취하고, 관련 전사 기록을 발굴해 2017년 국방부에 선원들의 서훈을 추천했다. 그 결과 2018년 6월 25일 대한민국 해군은 민간인 신분으로 전사한 황재중 선장에게 충무무공훈장을 수여했고, 이어 2019년 6월 27일 6·25 한국전쟁 당시 민간인 신분으로 장사상륙작전에 참전했다가 전사한 문산호의 선원 10명에게도 69년 만에 화랑무공훈장을 수여하였다.

포항여중에서 사투를 벌인
71명의 학도병 전투처럼
장사리 전투에서의 학도병들에게도
훈장은 고사하고
그 어떤 후속 조치도 없었다.
그 후 국가에서
여러 조치를 했다고는 하지만...
군번도 계급도 없이
죽기 살기로 싸운 걸기로 이 땅에 뿌려진
꽃송이와 같이 아름다운 피들이여!

▲ 장사상륙작전 전몰용사 위령탑

1. 당시 학도의용군
2. 장사리 상륙작전에 참전한 LST문
산호, 1950년 9월 14일
3. 장사리 상륙작전(양동작전)을 지원
한 미 해군 전함의 함포사격 모습.
1950년 9월 12일

장사·인천상륙작전 전황도 **4**

인천상륙작전
(9월15일)

장사상륙작전
(9월14일)

인천

서울

장사

낙동강 전선

대구

부산항

마산

문산호 출항
(1950년 9월13일)

5

4. 인천상륙작전, 장사리상륙
(양동작전) 전황도, 1950년 9
월
5. 1950년 9월 13일 LST-문산
호가 태풍에 의해 좌초되었
고, 작전을 위하여 학도전투병
들이 해안으로 상륙을 하고
있는 모습.

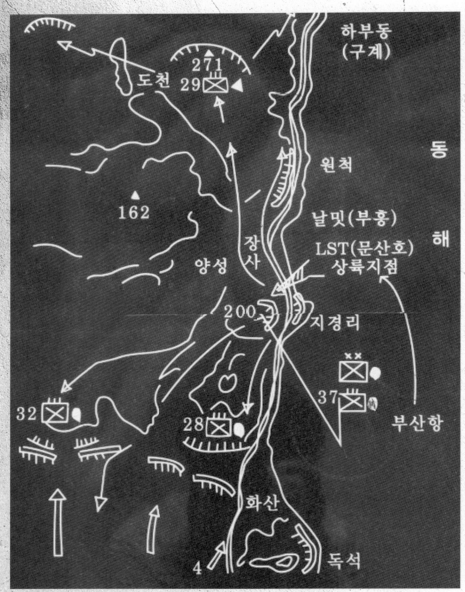

장사리상륙작전 요도, 1950년 9월 12~14일

맥아더는 죽기 전에 장사상륙작전에 참여한
722명에게 편지를 보냈다.

"인천상륙작전을 지원하여 수행한 작전은
최고의 찬사를 받을 만하며
대원(학도병)들이 보여준
용기와 희생적인 행동은
한국 젊은이들에게 귀감이 될 것이다."

-더글라스 맥아더-

맥아더 장군이 장사상륙작전이 인천상륙작전의 성공에 크게
기여했다고 할 정도로 작전 자체는 성공적이었다고 평가 된다.

6.25 참전 여성 의용군

국가의 위기 상황 속에서
자신의 청춘과 목숨을 걸었던 그녀들이 있기에
지금 우리와 미래가 있습니다.

▲ 1950년 9월 여성 의용군교육대 창설 당시 모습

▲ 여성 의용군 행진

▲ 여성 의용군 훈련

6·25전쟁 잊지 말자!

좌파선전에 속지 말자.

공산당에게 이용당할 뿐이다.

전쟁은 한순간에 온다.

평화를 지키며 행복하게 살려면 전쟁에 대비해야 한다.

'나라를 지키는데 안보 이상의 가치는 없다.'

역사를 잘 받아들인 민족만이 국가의 문명을 꽃피운다.

공산주의는 피를 먹고 산다!

6.25 전쟁에서 잊지 말아야 할,
학도병들의 숭고한 정신과 고귀한 희생!

'우리 살아 있는 자의 의무는 기억하는 것이다.'

두 편의 짧은 기록이지만, 이를 통해서 오늘을 사는 청소년을 비롯한
젊은 세대들과 어른 세대들이, 이들의 희생으로 누리는 자유의 소중함을
조금이라도 일깨웠으면 하는 바램이 간절하다.

나라를 지키기 위해
목숨을 버린 학도병들의 용기를 기억합니다.
대한민국 만세!!!
학도병 만세!!!

화보로 보는 6.25전쟁

▲ 38선 설정 때, 1945년

▲ 여기가 북위38도선입니다!

▲ 모스크바까지 가서 늙은 스탈린에 갖은 아양을 떠는 김일성
▶ 1945년 10월 14일 평양 모란봉 운동장에서 개최된 '김일성 장군 및
소련군 환영 시민대회'

▲ 대한민국 정부 수립을 축하하는 국군의 행진 장면(1948. 8. 15)

116

▲1949년 4월 베이징 교회 샹산에서 함께한 마오쩌둥(왼쪽)과 장남 마오안잉
(1949. 4). 한국전쟁에 참전한 마오안잉은 1950년 11월 25일, 미군의 폭격으로
평안북도 동창군 대유동에서 사망했다.

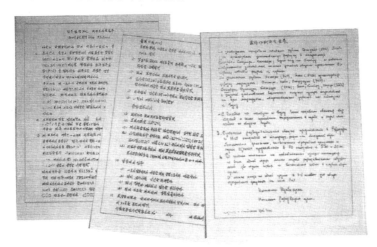

▲ 북한 제4보병사단 작전명령 제1호(1950. 6. 22)

▲ 의정부 방면으로 남하하는 북한군 오토바이 부대

중앙청에, 太極旗가 내려지고, 人共旗가 올라갔다. ▶

▲ 6. 25남침 보병부대

▲ 1950. 6. 25 북괴군 남침 진격하는 모습

▲ 남침 대기 중인 탱크부대 모습

▲ 남하하는 북괴군 진격 장면(인민군 촬영제작)

▲ 북괴군 보병부대 남침 모습, 1950.6.26

▲ 북괴군의 소련제 자주포

▲ 북한군 탱크부대, 1950. 6. 24 남침 명령을 기다리며

▲ 북한에서 개발한 따발총

▲1949년 북한공산군은 대한민국을 공산화시키기 위하여 소련으로부터 탱크(T-34), 대포 등을 받아 전쟁준비를 완료하였다. 그해 8월 15일 평양에서 해방기념일을 맞아 대대적인 시가행진을 하였으며 탱크부대를 과시하고 있다.

▲1950년 6월 25일 북괴군은 T-34 탱크를 앞세우고 서울을 침공하였다.(뒤에 보이는 건물은 전 조선총독부 건물로 그 후 철거됨)

▲ 6 · 25전쟁 직후 유엔군의 참전을 결의하는 유엔 안전보장이
사회가 열리고 있다.(소련은 스탈린의 지시에 의해 불참)

▲ 전황을 직접 살펴보기 위해 전용기로 서울에 도착한
맥아더 원수(1950. 6. 29)

▲ 한국전쟁을 수행하기 위해 콜린스 장군(왼쪽)에게서 유엔기를
넘겨받는 맥아더 원수(1950. 7.13)

▲ 퇴각하기 전의 대전역 광장(1950. 7)

▲ 승전을 축하하는 북한군(1950. 7. 27) 북한은 1950년 7월 말,
낙동강 방어선을 제외한 남한의 90퍼센트를 점령했다.

▲ 한국전쟁 당시 파괴된 수원 화성의 장안문 (1950. 7)

▲ 인민재판으로 처형당한 가족이 오열하고있다.

▲ 인민재판 후 사형집행을 위하여 끌려가는 양민들 모습,

▲ 부산항에 도착해 짐을 배에서 내리는 미군(1950. 8. 6)

▲ 낙동강 전선을 시찰 중인 미 육군참모총장 콜린스 대장
(오른쪽)과 미 제8군사령관 워커 중장(1950. 8. 22)

▲ "6 · 25남침 기습" 그림 이호근 作

▲ 기습 남침하는 북괴군 (춘천 전투 再演) 모습

▲ 한국전쟁 기간 동안 인민군과 좌익에 의해 학살 당한 민간인은 총 122,799명,(대한민국통계연감, 1952년 발간)에 이른다. (사진출처 : 美 국립문서기록보관청)

▲ 6 · 25전쟁 중, 최덕신이 주도 자행: 양민 700명 가량집단 학살한 6 · 25전쟁의 대표적인 민간인 학살사건, '거창양민학살 사건' 현장 모습

▲1950년 7월 9일 전선을 지키던 미 제21연대 전방감시요원 4명이 행방불명되었다. 그 중 1명이 뒤로 포승줄로 묶이고 머리에 총상관통 당한 시체로 발견되었다.(공산군의 포로 학살 모습)

▲ 1950년 8월. 남한 최후의 방어선인 낙동강 전투에서 부서진 낙동강 철교를 사이에 두고 치열한 공방전을 벌이는 아군들.

▲◀ 프랜시스 펜턴 미 해병대위(중대장)가 중대에 탄약이 떨어졌다는 보고를 받고 망연자실 표정을 짓고 있다. (1950.8, 낙동강 방어작전 중, 던컨 촬영)

▲ 낙동강 전투 부상병과 동료 병사.

▲ 인천상륙작전 참전 차 부산에서 수송선에 승함하고있는 해병대
(1950.9.12)

▲ 팔미도(八尾島) 등대(燈臺) 작전

▲ 5000 대 1의 성공확률이라 한 인천상륙작전 현장을
지휘하는 맥아더 사령관, 기함 맥켄리 호 함교.

▲ 인천상륙작전 직전 팔미도에 침투해 등대의 불을 밝힌 최규
봉씨와 KLO부대 대원들이 작전 성공 후 소형 보트를 타고 기함
'마운트 매킨리' 호로 복귀하고 있다.(최규봉 대장, 사진 오른편
에 작업모 쓰고 앉아있음)

▲ 이 사진은 인천상륙작전의 2개의 기념비적 사진 중 하나.
로페즈 중위가 제일 먼저 사다리를 타고 암벽을 오르는 사진이
다.(촬영자 미상) 로페즈 중위는 상륙한 직후 전사하였다.
1950.9.15. Baldomero Lopez, (1925년 8월 23일 ~ 1950년 9월
15일)

Lieutenant Baldomero Lopez

Lieutenant Baldomero Lopez
Honor Graduate Award

▲ 로페즈 미 해병 중위와 상패

124

▲ 해안에 병력과 장비를 양륙하는 미군의 대형 상륙함(LST).

▲ 인천상륙작전 후 서울을 탈환하기 위해 기동하는
미 제1해병사단(1950. 9)

▲ 인천 시가지를 순찰하는 미군(1950. 9)

▲ LSMR 로켓포함이 월미도에 사격을 하고있다. (1950. 9.15)

▲ 인천 시가지 모습. (1950. 9. 17)

▲ 경인철도를 따라 서울로 진격하는 미 해병대. (1950. 9. 17)

▲ 서울외곽 주민들의 열열한 환영을 받고 진군하는 상륙군들.
(1950. 9.18)

▲ 시가전, 적 저격에 부상 당한 병사를 옮기고 있다.
(1950. 9.18)

▲ 영등포 지역에 도착, 적정을 살피고 있다. (9.18)

▲ 해병, 서울외곽 진입하여 북괴군을 몰아내고 있다.
(1950. 9. 19)

▲ 행주나루를 도강하는 LVT-3C
(Landing Vehicle Tracked, 1950. 9. 20)

▲ 서울 외곽에 진입한 해병대.
"잠시만..... 쉬었다가....."(1950. 9. 21)

126

▲ 서울 점령기간 동안 벌어진 정치 선동행사 (출처-동아일보)
숨어서 지낸 3개월이 마치 30년 같았다는 이야기도 흔하게 찾아
볼 수 있을 정도다. 그만큼 무차별 학살과 탄압이 자행되던 이른
바 '인공(人共)통치 3개월'

▲ 적치 3개월, 가족을 잃은 여인의 통탄

▲ 낙동강 전선을 뚫고 북으로 진격하는
미 제1기병사단 병사들. (1950. 9)

국군과 유엔군 반격노선
※1950년 9월 15일 인천상륙작전 뒤 상황
········ 북한군 주력

▲ 낙동강을 도하하는 UN군, 미 제24사단. (1950. 9)

▲ 1950.9.15 이후 국군과 UN군의 반격노선 요도

▲ 낙동강 대반격을 개시하기 전 부대 점검을 하고있는 미군들.
(1950. 9. 18, 미 국립기록문서보관청)

▲ 잔류한 적을 소탕하기 위해 종로 일대를 수색하는 미 해병대
(1950. 9)

▲ 서울 연희고지 근방 시가전 모습, 미해병대. (1950. 9. 23)

▲ 인천에 상륙하는 국군 보병 제17연대 장병들. (1950. 9. 24)

▲ 북괴군이 쌓은 바리케이트를 방패막이로···

▲ "저 저격병을 잡아라 !"

▲ 고전하는 미군들. (1950. 9. 22)

▲ 서울 수복전투 : 시가, 지하, 도랑 속에 적군이 숨어있는지 수색 중 (1950. 9. 24)

▲ 연희고지를 탈환하고, 서울시가지를 내려다 보는 해병들. (1950. 9. 25)

▲ 서울 탈환 전투 중인 미 해병대원들의 모습. (1950. 9. 25)

▲ 수복당시 숭례문 주변 모습.(1950. 9)

▲ 아주머니들이 땔감 등을 찾고있다. (미군 촬영, 서울 중심지역,1950. 9. 29)

▲ 미국 대사관에 성조기를 올리는 미 해병
(1950. 9. 27. 15시 37분)

▲ 서울 수복을 위하여 미 해병대가 진격, 시가전 모습
(AP Photo/Max Desfor, 1950. 9. 28)

▲ 서울에 남았던 북괴군을 비롯해 체포된 사람들이
손을 들면서 연행되고 있다.

▲ 미군 칼 파워 상사와 그의 사랑으로 미국에서
공부를 한 빌리 김(장환) 소년.

▲ 평정된 수도 거리로 국군이 입성하고있다.
(고 임응식 씨 촬영, 9. 28)

130

▲ 평양 탈환 후 대동강 물을 수통에 담아
후에 이승만 대통령께 전달했다.

▲ 길을 잃고 도움을 청하며 울고 있는 전쟁 고아

▲ 인천기계공업주식회사 앞에서 부모를 찾다가 지쳐버린 소녀

▲ 서울에 3개월간 남겨졌던 전쟁고아, 대표적 사진 (9. 28)

1950년 9월 28일 손양원 목사 순교

日本 신사참배 반대한다고 1940년 9월 25일 밤에 순천 애양원(한센병 환자병원)에 느닷없이 일본 형사 두 사람이 손양원 목사(1902~1950)의 손에 수갑을 채워서 끌고 가 버렸다. 죄목은 '신사참배 반대'

■ 3년 수감 후에, 안타까운 재수감 〈종신형〉

당시 1943년은 한참 일본이 태평양전쟁에 열중하던 시절이었다. 그런데 '우상 숭배하는 나라 일본은 망할 것이다!' 라고 고함을 질렀으니, 손양원 목사의 신사참배 문제를 놓고, 다시 재판이 열렸다. 그 재판 결과는 <종신형>이었다.

■ 6 · 25전쟁과 순교(殉教)

1940년에 신사참배로 감옥에 간 손 목사는 1945년에 해방을 맞이하여 5년만에 출옥하였지만, 1948년 여수·순천 반란사건 때, 손 목사의 두 아들 손동인, 손동신의 친구이며 친공산당 학생이었던 자에게 살해되었다.

손양원 목사는 두 아들을 죽인 자를 자기의 양자(養子)로 삼으며, 그를 살려주었다.

■ 손양원 목사의 순교

1950년 9월 13일이었다. 손양원 목사는, 강대상에서 한참 기도드리고 있었다. 이때 공산당들이 애양원에 쳐들어 왔다. 그들은 기도하시던 손 목사님을 끌어내서, 손에 수갑을 채워서 끌고 가서, 여수 감옥에 가두었다. 그 감옥에서 15일 동안, 뭇매를 맞으셨다. 공산당을 악선전했다며... 미국의 앞잡이 노릇을 했다며... 그러다가 9월 28일이었다.

1950. 9. 28. 서울 수복이 있었다. 아마 처형하고 나서 도망치려고....공산당은 손 목사를 끌고 여수에서 조금 떨어진 미평에 큰 과수원이 있었는데, 그 과수원으로 끌고 가서, 다른 여러 인사들과 함께 총살, 순교했다.

1950년 9월 28일 손양원 목사는 48세 나이에 하나님께 순교의 제물로 자신을 바치셨다.

6·25 전쟁으로 인한 교회(인명)의 손실

6 · 25 전쟁을 겪으면서 받은 국민 전체의 손실과 참화는 말로 다 할 수 없지만, 기독교가 받은 참상 또한 이루 말할 수가 없다. 교회는 800개 이상이 파괴되었고 손양원 목사와 저명한 부흥강사 김익두 목사, 문준경 전도사 등 수많은 목회자들과 성도들이 북괴에 의해서 처참하게 죽임(순교)을 당했다.

파괴된 교회 수만 해도 남한에서만 장로교 514교회, 감리교 239교회, 성결교106교회, 구세군4영문, 기타 교파에서도의 손실은 막심했다. 순교 납치당한 교역자는 장로교 177명, 감리교 44명, 성결교 11명, 성공회 6명 등 이외에 알려지지 않고 목숨을 잃거나 납북된 기독교 지도자들이 수없이 많다.

일례로 원산에서는 후퇴하던 인민군이 기독인과 지식인 500여 명을 방공호에 몰아 놓고 산채로 흙을 덮어 산매장 시켰다. 전북 옥구의 원당교회에서도 78명의 교인 중 75명이 학살당했다. 전남 영광의 염산교회 김방호 목사 가족은 8명 중 7명이 동시에 살해당하고, 교인77명이 함께 순교 당했다. 또한, 야월교회 69명이 모두 순교 당한 사건 등, 잔악한 좌익들과 북괴 공산당에 의한 기독교의 피해는 이루 헤아릴 수가 없을 정도이다.

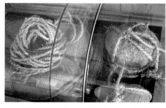

▲ 좌익들이 교인들을 돌에 산 채로 매달아 죽임

▲ 염산교회와 야월교회 교인들이 수장되는 모습

▲ 좌익들의 죽창 찌르기

▲ 국기 계양자: 해병 박정모 소위, 최국방 일병

▲ 서울 환도식 모습. (중앙청 홀, 1950. 9. 29)

▲ '9. 28 서울수복' 대표 사진 중앙청 광장에 다시 태극기가 한국 해병대의 손으로 계양되고 있다.

▲ 환도식을 거행하는 중앙청 홀 모습

▲ 삼각산과 중앙청이 보인다.(미군 촬영, 파손된 서울 중심 주택지역, 1950. 9. 29)

▲ 1950년 9월 대전 형무소 마당에 약 400명의 양민이 후퇴하는 북괴군에게 학살당한 모습. 증언에 의하면 죄수들에게 자기가 묻힐 구덩이를 파도록 강요당했다고 한다.

▲ 두 소녀들 : 해병들이 전투하는 옆 참호에 앉아서 철모를 쓰고 시끄러운 총소리에 귀를 막고 있다.

▲ 두 소년들 : 하우스 보이로 일하면서 미군들의 사랑을 받고 있다. 이들 중 미국으로 입양된 아이들도 많다.

▲ 미국의 가수이자 배우인 마를린먼로가 유엔군을 위문코자 내한했다. (1950. 10월)

▲ 포격에 의해 엄마가 사망하자 그 옆에서 누나와 동생이 울고 있다.
◀ 전선을 따라 미군은 북으로 향하고 피난민들은 남으로 향하고 있다.

▲ 부산을 중심으로 경상남도 일대, 제주도 등에서 피난생활하는 우리 국민들

▲ 38도선을 넘어 북으로 진격하는 국군 행렬(1950. 10. 8)

▲ 평양 시내에 입성하는 국군(1950. 10. 25)

▲ 이승만 대통령의 평양 탈환 경축 연설(1950. 10. 27)

▲ 우리 국군이 평양에 입성하자 시민들이 태극기를 흔들며 거리로 뛰쳐나와 환영하며 시가지를 누비고 있다.

▲ 군우리(현재의 개천) 지구에서 반격을 전개하는 중공군(1950. 11).

▲ 미 제8군사령관 워커 중장의 철수 명령에 따라 대동강을 건너 남하하는 유엔군(1950. 12. 4)

▲ 후퇴 도중 길가에서 쉬고 있는 미 해병대원(1950. 11. 29)

▲ 6·25전쟁이 발발하자 중국 내에서는 출병을 주장하는 벽보가 난무했다.(1950년 겨울 베이징 교외 난위안전)

▲ 진혼 나팔을 부는 장의병, 흥남 부근에 임시로 마련된 미 제1해병사단 묘지(1950. 12).

▲ 흥남부두에서 남하 배를 타고자 모여든 함경도
피난민들, 1950.12

▲ 찰수하는 유엔군 수송선에 오르기 위해 흥남부두로 몰려든
피란민들(1950. 12. 19)

▲ 흥남항 폭파 장면(1950. 12. 24).

▲ " 來日을 달라!"

▲ 민둥산이 된 백마고지에서 적의 공격을 막기 위한 참호를 파고 있는 국군 병사들.

▲ 하선망을 타고 배에 오르는 피난민들,
1950년 12월

▲1950년 크리스마스 기적

▲1950. 12. 25 크리스마스날 특별 점심 시간,
영국군 C중대원들, 눈덮힌 한국 前線 들판에서

▲ 미 제3사단 병사들이 크리스마스 츄리를 만들려고 소나무를
부대로 갖고 가며 즐거워하고 있다.

▲ 한국 전선에서 크리스마스 츄리를 만들며 즐거운 한 때,
1950.12.24

▲ 12월 24일 평택에 있는 한 고아원에서 고아들과 함께
성탄절을 보내는 미군병사 아저씨들.

▲ 통일을 앞둔 1950년 10월 중순 중공군이 참전하였으며, 이에 UN군이 후퇴하기에 이르렀다.
1950년 12월 4일 끊어진 대동강 철교를 타고 넘는 북한 피난민들 모습.(풀리처상 수상)

▲ 1951년 1월, 폭격으로 무너진 한강 다리 : 임시 가설된 부교를 타고 피난길에 오르는 서울 시민들.

▲ 한강을 넘어 남으로 피난을 떠나는 모습

▲ 1.4후퇴 당시의 피란민 대열.

▲ 중공군의 인해전술 모습. 1951년

▲ 남진하는 중공군 행렬(1951. 1).

▲ 중공군의 인해전술 모습. 1951년

▲ 1951년 1월 4일 비어있던 서울을 다시 점령하고 중앙청에서
함께 승리의 기쁨을 만끽하며 춤을 추고 있는
북한군과 중공군

▲ 1월 25일 유엔군의 재반격으로 잃어버린 지역을 회복했으나,
2월 11일 중공군의 제4차 공세로 다시 어려움을 겪었다.
미군의 행군 대열(1951. 2).

▲ 열차로 남쪽으로 가려는 피난민들

▲ 군수물자를 지게로 져서 나르는 노무자들(1951. 2. 4).

▲ 포탄같은 중량물도 이 분들의 보급 수송에 절대 의존하였다.

▲ 미군들은 보급물자를 나르는이 분들을 A특공대라고 불렀다.

▲ A특공대(지게부대)

▲ 보급물자를 실어 나르는 기차를 엄호하는
중공군 고사포 부대

▲ 전선으로 향하는 리지웨이 미 제8군사령관(뒤족)과
맥아더 원수(1951. 4. 3).

▲ 공산군 측 휴전회담 대표로 가운데가 수석대표 남일
(1951. 7. 16)

▲ 급수차에서 물을 공급받는 부산 피란민(1951. 7)

▲유엔군 측 휴전회담 대표로 가운데가 수석대표 터너 조이
(1951. 8. 13)

▲ 휴전회담 중임을 표시하기 위해 띄우는 헬륨 가스 기구
(1952. 3. 22)

▲ 산비탈에 형성된 파주의 피란민촌(1952. 9. 26)

▲ 미 제1해병사단을 방문한 아이젠하워. 자신의 선거공약을
이행하기 위해 한국을 방문했다.(1952. 12)

▲ 점호하는 중공군(1953년 봄)

▲1953년 춘계공세를 준비하는 중공군

▲ 밥 짓는 아이들(1953. 3)

▲ 마포로 진격하는 한국군, 1951년 3월

▲1951년 3월 16일 경복궁 앞 모습

▲1951년 3월 16일 서울 명동 일대 모습

▲ 고아원 어린이에게 줄 선물을 트럭에서 내리는 미군
(1953. 5. 5)

▲ 교실이 불에 타 운동장에서 수업을 받는 서울의 한
초등학교(1953. 6. 5)

▲ 문산에서 정전협정문에 서명하는 유엔군사령관 클라크
(1953. 7. 27)

▲ 평양에서 정전협정문에 서명하는 조선인민군총사령관
김일성(1953. 7. 27)

▲ 개성에서 정전협정문에 서명하는 중공군사령관 펑더화이
(1953. 7. 27)

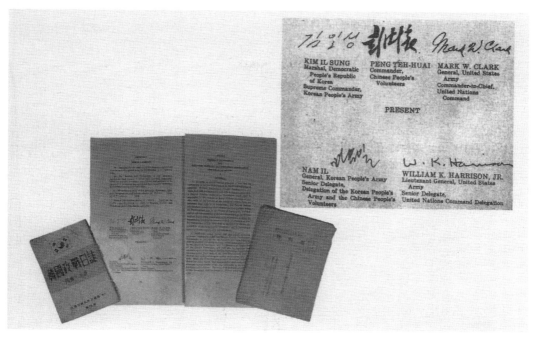

▲ 정전협정 원문

▲ 야전 참호에서 휴전 소식을 전달받는 미군 병사
(1953. 7. 27)

▲ 1953년 7월 27일 정전협정에 규정된 군사분계선.
이를 기준으로 남북 양쪽 2km를 비무장지대로 설정했다.

▲ 초기 판문점 전경

▲ 현 판문점 전경

경의선 장단역 증기기관차
이 기관차는 6 · 25전쟁 중 피폭 · 탈선된 후 반세기 넘게 비무장 지대에 방치되어 있었던 남북분단의 상징물이다.
2004년 아픈 역사의 상징물로 보존하기 위해 문화재로 등록된 후 현 위치로 옮겨 전시되고 있다.(사진출처:한국문화재재단)

▲ 최전방 초소에서 한 장병이 휴전선을 감시하고 있다.

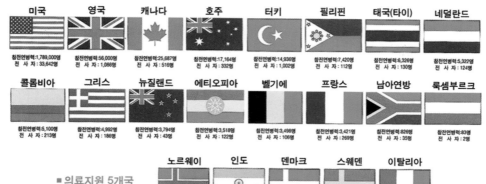

미국	영국	캐나다	호주	터키	필리핀	태국(타이)	네덜란드
참전연병력:1,789,000명 전 사 자:33,642명	참전연병력:56,000명 전 사 자:1,086명	참전연병력:25,687명 전 사 자:516명	참전연병력:17,164명 전 사 자:332명	참전연병력:14,936명 전 사 자:1,002명	참전연병력:7,420명 전 사 자:112명	참전연병력:6,326명 전 사 자:130명	참전연병력:5,322명 전 사 자:124명

콜롬비아	그리스	뉴질랜드	에티오피아	벨기에	프랑스	남아연방	룩셈부르크
참전연병력:5,100명 전 사 자:213명	참전연병력:4,992명 전 사 자:186명	참전연병력:3,794명 전 사 자:43명	참전연병력:3,518명 전 사 자:122명	참전연병력:3,498명 전 사 자:106명	참전연병력:3,421명 전 사 자:269명	참전연병력:826명 전 사 자:35명	참전연병력:83명 전 사 자:2명

■의료지원 5개국

노르웨이	인도	덴마크	스웨덴	이탈리아
참전연병력:5,100명 전 사 자:213명	참전연병력:4,992명 전 사 자:186명	참전연병력:3,794명 전 사 자:43명	참전연병력:3,518명 전 사 자:122명	참전연병력:3,498명 전 사 자:106명

■물자 및 재정지원국 39개국

아르헨티나	오스트리아	버마(미얀마)	캄보디아	칠레	코스타리카	쿠바	도미니카공화국
1952. 5. 이전	1952. 5. 이전	1951.	1951.	1953. 12. 이전	1951.	1951.	1953. 6.

에콰도르	이집트	엘살바도르	과테말라	아이티	온두라스	헝가리	아이슬란드
1951.	1953. 12. 이전	1953. 12. 이전	1953. 12. 이전	1954. 8. 이전	1952. 12. 이전	1952. 5. 이전1.	1951.

인도네시아	이란	이스라엘	자메이카	일본	레바논	라이베리아	리히텐슈타인
1952. 12. 이전	1952. 5. 이전	1951.	1951.	1951.	1952. 12. 이전	1951.	1956. 6. 이전

멕시코	모나코	파키스탄	파나마	파라과이	페루	자유중국	사우디아라비아
1951.	1954. 8. 이전	1951.	1953. 12. 이전	1954. 8. 이전	1954. 8. 이전	1952. 5. 이전	1952. 12. 이전

스위스	시리아	우루과이	바티칸(교황청)	베네수엘라	베트남	서독	
1953. 6. 이전	1953. 12. 이전	1954. 8. 이전	1956. 6. 이전	1951.	1952. 12. 이전	1954. 8. 이전	

■지원 의사 표명국 3개국

볼리비아	브라질	니카라과

1960 ~70년대 서울 모습

현재 서울 모습

DMZ 오두산 통일전망대에서 바라본 북한마을 전경

자유 월남 패망의 원인

1975년 4월 30일,
이날은 자유민주주의 월남이 북 공산 월맹과 평화협정(종전협정)을 맺자
미군이 두 달 만에 전면 철수하고, 2년 뒤에 패망한 날이다.

평화 조약(종전협정) 이후 미군은 두 달이 지나 월남에서 전면 철수 하였다. 당시 자유 월남은 미군
철수 2년 만에 미군이 놓고 간 최신식 무기를 가지고도 슬리퍼를 신고 쳐들어온 보잘것없는 북 공산
월맹에 전쟁 개시 50일 만에 제대로 싸워 보지도 못하고 패망하여 월남이라는 나라 자체가 지구상
에서 영원히 사라지는 비극을 겪게 되었다.
- 베트남 사회주의 공화국이 되었고 자유 월남은 영원히 소멸하였다.-

당시 자유 월남은 공군력이 세계 4위의 군사 강국이었고 경제력도 북 공산 월맹보다 월등히 앞서 있었다. 당시 북 공산 월맹은 미군이 개입된 자유 월남과의 오랜 전쟁으로 전쟁 수행 능력을 완전히 상실한 상태였고, 매년 100만 톤의 식량 부족으로 겨우 하루 한두 끼와 소금으로 연명하는 비참한 상황이었다.

위험천만한 '우리민족끼리'라는 용어

당시 자유 월남의 야당 대표 '쭈옹딘 쥬'는 '우리민족끼리'를 내세우며 북 공산 월맹과 대화를 통해, 평화적으로 남북문제를 해결하자고 계속 주장하며 비밀리에 북 공산 월맹의 간첩 역할을 착실하게 수행하였다. 자유 월남의 안보, 내각 작전회의의 내용이 1~2시간 후면 북 공산 월맹에 보고될 정도였다. 당시 자유 월남에는 여러 각계각층에 간첩들이 깊숙이 침투하여 있었고 이에 대해 자유 월남 정부는 그야말로 속수무책이었다.

당시, 자유 월남은 총체적인 안보 불감증에 깊이 빠져있었고 좌익인사들의 선전, 선동으로 반정부 시위, 반미 감정을 확산시키며 국론은 4분 5열로 분열, 데모가 그칠 날이 없었다. 자유민주주의 월남 전체인구의 불과 0.5% 밖에 안 되는 좌파, 좌경 적대세력(인민혁명

당)들은 정치권, 군대, 종교, 언론, 학교 등 각계각층에 깊숙이 침투하여 화려한 선동, 선전 전략(프로파간다)으로 결국엔 자유 월남을 공산주의 생지옥으로 몰락시키고 베트남을 사회주의 공화국으로 바꾸는데 공헌한 좌익 세력들이었다.

이들은 자유 월남에서 잘 먹고 잘살면서 자유 월남에 대한 이적질을 한 것이다. 지금 대한민국에도 이런 이적질을 하는 세력들이 잘 먹고 잘살면서 각계각층에서 독버섯처럼 암약하고 있다는 것을 상기해야 할 것이다.

자유 월남이 공산화되자마자 북 공산 월맹 편을 들었던 자유 월남의 좌익 인사들부터 모조리 즉각 처형

북 공산 월맹은 전쟁 후 50일 만에 자유 월남을 적화통일 시키고 제일 먼저 한 일은 인민 재판에 의한 무자비한 숙청이었다. 특이한 점은 자유 월남에 대하여 반정부, 반미를 외치며 선동하던 우편이었던 자유 월남의 좌익, 좌경 인사들부터 먼저 즉각 처형시켰다.

자유 월남 정부하에서 북 공산 월맹의 편을 들어 조국인 자유 월남에서 반정부, 반미 선동에 앞장섰던 군인, 공무원, 종교인, 교수, 교

사, 언론인, 학생 등 그 외 각계각층에서 북 공산 월맹에 우호적이었던 16만 5천 명이 가장 먼저 처참하게 처형당했다. 공산화가 되면 북 공산 월맹이 자신들의 공로를 인정해 줄 것이라는 꿈은 망상이었고 하루아침에 그동안의 모든 수고가 물거품(처형)이 되고 말았다.

우리나라도 마찬가지일 것이다. 지금 자유 대한민국에서 김정은의 편에서 공산주의 통일을 꿈꾸고 있는 남한의 좌익(친북, 주사파)인사들이 깨달아야 할 것은 월남과 같이 적화통일이 된다면, 반드시 죽임을 당한다는 사실을 알아야 한다. 이것이 바로 공산주의가 가지고 있는 피의 이념사상이다. 남한의 '좌익', '친북', '주사파' 세력들은 적화통일을 이룰 때까지만 시한적인 꼭두각시일 뿐이지 더 이상 이용 가치는 없다.

자유민주주의 체제와 1인 독재 공산주의 체제는 물과 기름 같아서 절대 함께 할 수가 없다는 것을 북괴 공산주의 김정은과 그의 수뇌부는 너무나 잘 알고 있다. 이런 이유로 북 공산 월맹은 자기편을 들었던 그들을 가장 먼저, 한 사람도 남겨두지 않고 모조리 숙청했다. 북 공산 월맹에 의해 한순간에 함락된 수도 사이공(지금은 호치민시)은 졸지에 피바다가 되었고 자기 나라를 지킬 줄 몰랐던 자유 월남의 국민들은 너무나도 처절한 피의 대가를 치러야만 했다.

아래는 자유 월남 시절 사이공대학 학생이었다가 탈출했던 한 학생 시(詩)이다.

멀리서 공산주의를 바라보니
금강석처럼 반짝이기에
무엇인가 궁금하여 가까이 가서 바라보니
그것은 피로 범벅이 된
눈물뿐이라네.

확고한 한미동맹과 미군의 한국 주둔은 우리 자유 대한민국의 절대 생존권이 달린 중대한 사안이다. 또한 대북 군사 억지력을 확고하게 확보하는 것만이 평화를 지키는 힘이며 이를 부인하는 모든 세력은 북괴 김정은의 2중대 하수인일 뿐이다.

월남의 패망은 아무리 군사력, 경제력이 뛰어나도 안보 의식이 약해지면 멸망할 수밖에 없다는 교훈을 주고 있다. 나라를 지키는 참된 힘은 군사력도 중요하지만, 국민의 투철한 안보 의식과 애국심, 그리고 적에 대한 분명한 개념이 있어야 한다. 분단국가인 우리는 자유 월남의 패망을 다시 한번 상기하며 타산지석으로 삼아야 한다.

군부대 및 중·고등학교에 6·25책자 보내기 운동

애·국·애·족·안·보·의·명·소·!

용산 전쟁기념관

한국교회와 모든 세대들이
꼭 한번은 방문해야 할 곳이다.

멸공의 횃불

아름다운 이 강산을 지키는 우리 사나이 기백으로 오늘을 산다
포탄의 불바다를 무릅쓰면서 고향 땅 부모 형제 평화를 위해
전우여 내 나라는 내가 지킨다 멸공의 횃불 아래 목숨을 건다

조국의 푸른 바다 지키는 우리 젊음의 정열 바쳐 오늘을 산다
함포의 벼락불을 쏘아 붙이며 겨레의 생명선에 내일을 걸고
전우여 내 나라는 내가 지킨다 멸공의 횃불 아래 목숨을 건다

자유의 푸른 하늘 지키는 우리 충정과 투지로서 오늘을 산다
번갯불 은빛 날개 구름을 뚫고 찬란한 사명감에 날개를 편다
전우여 내 나라는 내가 지킨다 멸공의 횃불 아래 목숨을 건다

조국의 빛난 얼을 지키는 우리 자랑과 보람으로 오늘을 산다
새 역사 창조하는 번영의 이 땅 지키고 싸워 이겨 잘 살아가자
전우여 내 나라는 내가 지킨다 멸공의 횃불 아래 목숨을 건다

불행한 역사는 잊으면 반드시 다시 찾아온다.

지난 세기 중반에 발발한 6·25전쟁은 핵무기만 제한되었을 뿐 제3차 대전이나 다름이 없었다. 인류 역사상 한 나라의 전쟁에 25개국의 200만에 가까운 군인이 치열하게 치른 전쟁도 흔치 않다. 당시 세계의 독립국 93개국 중 60개국이 남한에 병력이나 군수물자를 제공했고, 소련과 중국이 북한에 공군 및 지상군을, 체코슬로바키아, 헝가리, 폴란드, 루마니아는 의료지원을 했다. 몽고와 동독도 추가 원조를 했다.

전선의 포화는 멎었지만 3년간의 전쟁으로 인명피해는 너무나 컸다. 현재 밝혀진 것만 국군 약 62만, 유엔군 약 16만, 북한군 약 93만, 중공군 약 100만, 민간인 약 250만, 전쟁미망인 약 30만, 전쟁고아 약 10만, 이산가족 약 1,000만 등 당시 남북한인구 3,000만 명의 절반을 넘는 1,900여만 명이 돌이킬 수 없는 엄청난 피해를 보았다. 아름다운 산하가 폐허가 되었고 수많은 사상자와 이산가족의 아픔만을 남긴 채 그어진

38선이 분단 77년, 6·25동란 이후 72년이 되도록 남북을 가로막고 있다. 같은 민족끼리 치유하기 힘든 비극이다.

하나님의 은혜로 1945년 8월 15일 일제로부터 해방되고, 1948년 8월 15일 자유민주주의 대한민국 정부가 수립된 것과 6·25의 참상에 대해 어렴풋이 들었지만, <전교조>라는 조직에 가담한 교사들의 편향 교육으로 안보의 중요성도 모르는 세대가 나라를 이끌어갈 현시대는, 대한민국의 정체성이 흔들리는 위험천만함 속에 놓여 있다.

작금의 안타깝고 불행한 시대를 바라보며, 72년 전 동포끼리 빚었던 6·25전쟁과 같은 비극이 이 땅에서 또다시 되풀이되지 않도록 6·25전쟁에 대한 정확한 진실과 이해를 통하여 역사관, 애국관을 재정립하는 데 도움이 되었으면 하는 간절한 마음이다.

참고문헌

- 6.25란 무엇인가? / 김순욱 저
- 6.25전쟁 1129일 / 이중근 편저
- 끝나지 않은 한국전쟁 6.25 / 6.25한국전쟁 진실알리기운동본부
- 찾아가는 6.25 / 6.25한국전쟁 진실알리기운동본부
- 6.25전쟁사 / 국방부군사편찬연구소
- 구월산부대 / 구월산 유격부대 전우회
- 우리나라 건국대통령 이승만 / (사)대한민국 사랑회
- 아! 대한민국 위대한 탄생 / (사)대한민국 사랑회
- 학도병아 잘 싸웠다(포화 속으로의 원작) / 김만규 저
- 6.25와 학도병 / 대한학도의용군동지회
- 군번 없는 용사들 / 형문출판사
- 이름 없는 별들 / (사)한국안보교육협회
- 학도는 이렇게 싸웠다 / 학도의용병 현충비 건립 준비위원회
- 대한민국 근현대사 시리즈 ④ / 박윤식 저
- 크리스찬 다이제스트 / 2011년 12월호
- 나의 신앙유산답사기 (전남편) / 황규학 저
- 6 · 25전쟁으로서의 진실여행 진실과 비밀 / 배영복 저
- 아고라젠 호외판 5호

참고 영화

- 인천상륙작전
- 포화 속으로
- 장사리/잊혀진 영웅들
- 고지전
- 태극기 휘날리며
- 동막골

방송

- 이제 만나러 갑니다 497회
- KBS역사 스페셜-한국 전쟁의 최대 미스터리